MINERVA スタートアップ経済学 ⑥

財政学

池宮城秀正 編著

ミネルヴァ書房

はしがき

　経済活動のグローバル化や情報化が急速に進展する中で，長期にわたる国民経済の低迷，少子高齢化に伴う人口の減少，労働力の需給の逼迫，財政構造の弾力性の低下など，わが国がかかえる問題は山積している。こうした問題に対処しつつ，適正な経済成長率を確保し，国民福祉の維持・向上を図ることが財政の果たすべき役割である。政府部門における効率的な財政運営は，民間部門の活性化の必要条件である。

　上記の問題に対して，政府は様々な解決策を講じてきたが，顕著な成果を上げてきたとはいえないであろう。つまり，政府の講じた政策が市場メカニズムを克服できなかったといえる。1990年代半ば以降の長期にわたる国民経済の低迷により，日本の相対的な経済力は著しく低下してきている。様々な分野における国家間の競争がし烈を極める中で，これ以上の経済の停滞は許されないであろう。

　さて，われわれは，基本的には生産への貢献に応じて所得を得て，政府部門により供給される公共財，及び民間部門によって供給される私的財の2種類の財を購入し生活している。納税者は国防，警察，消防，社会保障，公共施設などの公共財を購入するため，まず所得から租税と社会保険料を支払い，次に自らの選択に基づき市場において日常生活に必要な私的財を購入している。前者の公共財の内容とその財源調達に関する政府の経済活動が財政である。

　わが国における租税を徴収する主体は，中央政府（国）と地方政府（都道府県・市町村）である。中央政府の財政（国家財政）と地方政府の財政（地方財政）が密接な財政的連携の下，国民の必要とする公共財を供給している。市場経済を旨とする国民経済において，経済活動は家計と企業からなる民間部門が中心となって遂行されるべきであり，財政の主たる役割は民間の経済活動の環境を

整えるとともに，民間部門の補完をなすものである。

　国家財政の実情をみると，歳出面では，社会保障関係費や国債費，地方交付税交付金などの義務的な経費が歳出総額の7割以上を占め，公共事業関係費や文教及び科学振興費，防衛関係費などの経費は3割弱に過ぎない。歳入面では，国債発行による収入が総収入の3分の1以上を占め，一方，租税収入は6割に過ぎない。このように，歳出構造及び歳入構造とも弾力性が著しく低下しており，持続可能な財政状況にはない。

　財政構造の弾力性の回復は喫緊の課題である。経済成長政策を推し進めつつ，歳出面における社会保障改革と歳入面における税制改革を実施することにより，まず基礎的財政収支の黒字化の達成が肝要である。財政構造の健全性を確保し，国民の将来に対する不安を払拭することにより，国民経済を活性化させる必要がある。

　租税負担と社会保障負担に財政赤字を加えた潜在的な国民負担率は5割近くに達しており，国及び地方公共団体の経済活動は国民経済の中で大きな割合を占めている。したがって，財政に関する知識なしに日本経済や国民生活について理解することは難しいと思われる。本書は，こうしたことを踏まえ，財政に関する理論や制度，実際等について，分かり易く簡潔にまとめたものである。本書の概略は以下の通りである。

　序章「財政の機能と公共部門」は，広義の市場の失敗，すなわち，効率，公平，安定とこれらに対応する財政の3機能及び公共部門についてであり，次章以降のプロローグである。第1章「財政と市場メカニズム」は，序章を受けて，市場における最適資源配分と狭義の市場の失敗に対する政府の対処策について紹介している。第2章「日本の予算制度」は，予算の機能や予算原則を概観した後に，日本の予算制度を解説している。第3章「国家財政の実情」は，前章を受け，国家財政の歳入構造及び歳出構造について概観し，プライマリー・バランスと国民負担率について解説している。

　第4章「租税の基礎理論」は，歳入の中心である租税について，租税の機能や租税原則，転嫁と帰着，超過負担に関する基礎的な理論を紹介している。第

5章「所得税と法人税」は，前章を受け，所得課税，すなわち，個人所得税と法人所得税の歴史や制度，課題などについて解説している。第6章「消費課税と資産課税」は，一般消費税と個別消費税，そして相続税と贈与税，固定資産税について解説している。第7章「公債」は，国債に関する問題点等を解説している。続く，第8章「社会保障」は，社会保障の歴史や，給付と負担の実情を概観し，その後に年金，医療，介護の制度について解説している。第9章「経済安定化政策」は，45度線分析，IS-LM分析を中心に経済安定化政策に関する基本的な理論を紹介している。

　第10章「地方財政の基礎理論」は，わが国のような集権国家を念頭に置いて，地方政府の財政活動に関する基礎的な理論を紹介している。最後の第11章「地方財政の実情」では，わが国の地方財政の実情を詳しく解説している。

　若い人びとが，財政に関する知識を身につけ，この国のあり方について論じて欲しいと願うものである。本書が，その一助になれば幸いである。

　最後に，本書の出版に際して，多大なるご尽力を頂いたミネルヴァ書房の堀川健太郎氏には，衷心より御礼を申し上げる次第である。

　　2018年11月

編著者　池宮城秀正

財 政 学
目 次

はしがき

序　章　財政の機能と公共部門 ……………………………… 1
　1　広義の市場の失敗と財政の機能 ……………………… 1
　2　資源配分機能 ………………………………………… 3
　3　所得再分配機能 ……………………………………… 5
　4　経済安定化機能 ……………………………………… 6
　5　地方財政の機能 ……………………………………… 8
　6　日本の公共部門 ……………………………………… 9

第1章　財政と市場メカニズム ……………………………… 15
　1　効率的な資源配分 …………………………………… 15
　2　市場の失敗と政府介入 ……………………………… 23
　3　公共財の最適供給 …………………………………… 32

第2章　日本の予算制度 ……………………………………… 37
　1　予算の機能と予算原則 ……………………………… 37
　2　予算制度 ……………………………………………… 39
　3　財政投融資 …………………………………………… 46
　4　予算制度改革 ………………………………………… 49

第3章　国家財政の実情 ……………………………………… 53
　1　歳出構造 ……………………………………………… 53
　2　歳入構造 ……………………………………………… 62
　3　プライマリー・バランス …………………………… 67
　4　国民負担率 …………………………………………… 68

目　次

第 4 章　租税の基礎理論 ……………………………………73
1　租税の機能 ………………………………………………73
2　租税原則と公平な負担配分 ……………………………75
3　租税の転嫁・帰着 ………………………………………80
4　課税の中立性 ……………………………………………83
5　租税の分類 ………………………………………………86

第 5 章　所得税と法人税 ……………………………………91
1　個人所得税 ………………………………………………91
2　法人所得税 ………………………………………………104

第 6 章　消費課税と資産課税 ………………………………121
1　消費課税 …………………………………………………121
2　資産課税 …………………………………………………133

第 7 章　公　債 ………………………………………………143
1　公債発行による財源調達 ………………………………143
2　公債累増の問題点 ………………………………………146
3　ドーマー法則 ……………………………………………150
4　公債の負担 ………………………………………………153
5　公債管理政策 ……………………………………………155

第 8 章　社会保障 ……………………………………………157
1　社会保障の歴史 …………………………………………157
2　社会保障の給付と負担 …………………………………160
3　公的年金 …………………………………………………165
4　医療保険 …………………………………………………169

5　介護保険……………………………………………170
　　6　生活保護……………………………………………172

第9章　経済安定化政策………………………………175
　　1　国民所得の決定……………………………………175
　　2　ビルトイン・スタビライザー……………………183
　　3　IS-LM分析…………………………………………185
　　4　開放経済下の国民経済……………………………192

第10章　地方財政の基礎理論…………………………197
　　1　地方分権と地方財政………………………………197
　　2　税源配分と地方税原則……………………………201
　　3　補助金の経済効果…………………………………206

第11章　地方財政の実情………………………………213
　　1　国と地方の財政関係………………………………213
　　2　地方歳入……………………………………………219
　　3　地方歳出……………………………………………228

索　引……237

序　章
財政の機能と公共部門

本章のねらい

　われわれは私的財と公共財の2種類の財を消費して生活している。すべての財が市場メカニズムを通して最適な供給が可能であるならば，政府の経済活動は不要である。しかし，市場に任せてはまったく供給されない財や，市場による供給は可能であってもその質・量が不十分な財が存在する。また，市場メカニズムに任せると所得や富の格差が必然的に発生する。さらに，需要と供給のアンバランスが生じ，容認できない物価上昇や失業が発生する。

　こうした効率，公平，安定に関する市場の失敗を是正するのが財政の役割であり，それぞれ，資源配分機能，所得再分配機能，及び経済安定化機能として一般化されている。本章では，わが国の財政を念頭に置き，これら財政の3機能と公共部門について解説する。

1　広義の市場の失敗と財政の機能

　財政とは，ごく手短に定義すると，政府の経済活動であり，財政現象を研究対象とするのが財政学である。

　政府とは狭義には租税を徴収できる主体とみてよい。わが国のような単一（集権）国家の場合は，中央政府と地方政府の2段階の政府から構成され，米国のような連邦制国家の場合は連邦政府，州及び地方政府の3段階の政府から構成されている。わが国における中央政府は，通常，国と呼ばれ，地方政府は都道府県と市町村から構成され2層制である。都道府県と市町村は国の法律によって規定された団体であり，法律を制定する権限はない。

単一国家や連邦制国家は，歴史的社会的要因に大きく左右され形成されてきたものであり，どのシステムが優れているかどうかは一概にいえない。一人一票の投票により代表を選出し政府を組織している国では，それぞれの国民が現行システムを選択しているとみなしてよい。各国において，それぞれの段階における政府は課税権をもち財政活動を実施している。わが国では，国家財政と地方財政が密接な財政的連携の下，国民の必要とする公共サービスを供給している。

　経済活動とは，収入を得て，管理し，支出する行為である。混合経済を旨とする国民経済においては，経済活動を行う主体は民間部門と公共（政府）部門に分類することができる。家計と企業からなる民間部門における経済活動は価格メカニズムにより需要と供給が調整され，公共部門では国民から付与された権力（政治）によってその収入や支出が決定される。もしも無政府の状況の下で経済が理想的に動いているならば，政府の経済活動は不必要であろう。

　市場メカニズムがうまく働く場合に最適な状態が実現するとは，ミクロ経済学の教えるところであるが，現実の経済社会においてはその前提とする条件を満たすことは不可能である。そのため市場の失敗といった現象が発生する。市場の失敗は，狭義には，効率性に関する資源配分上の失敗を指し，広義には，効率，公平，安定にかかわる失敗のことである。こうした市場の失敗を補完するのが財政の役割であり，経済活動の主役はあくまでも家計と企業の民間部門である。したがって，財政が果たすべき役割は，市場メカニズムが円滑に働く条件を整えるとともに，民間部門では供給されない純粋公共財や民間の経済活動だけでは充足されない準公共財の供給である。

　市場における効率，公平，安定の失敗に対して，政府はそれぞれの状況に応じて介入することが要請される。市場において効率的な資源配分が達成されていない場合の財政の果たすべき役割が資源配分機能であり，財政の本源的機能といえる。市場で実現される所得や富の分配が不公平であると判断されるときの財政の果たすべき役割が所得再分配機能である。そして，財政の機能として要請される3つ目の機能は，経済安定化機能で，雇用や物価などの安定のため

有効需要の操作といった市場への介入である。

　わが国における中央政府及び地方政府の役割は，財政的手段を用いて，これら3機能を遂行することである。国民福祉の維持・向上の観点から，国家財政と地方財政が連携して，財政の機能を適切に実施することが要請されている。

　したがって，財政学とは，資源配分，所得再分配，及び経済安定化といった財政の3機能を中心として財政現象を研究する学問であるといえよう。以下，これら財政の機能について解説する。

2　資源配分機能

　財政の資源配分機能とは，市場メカニズムによる，土地，労働，資本といった生産要素の配分に修正を加える機能である。すなわち，ミクロ経済学でいうところの効率性にかかわる市場の失敗，すなわち，資源配分の効率性に関する「狭義の市場の失敗」(以下，市場の失敗)に対する政府の介入に関することである。こうした市場の失敗の要因として，公共財，独占や寡占，費用逓減産業，外部性，情報の不完全性などを考えることができるが，本節では，独占，費用逓減産業及び外部性に関する民間財にかかわる市場の失敗と，公共財に関する市場の失敗に分けて説明する。

　まず，私的財にかかわる市場の失敗と政府の介入についてである。供給独占が存在する場合，独占企業は競争市場におけるよりも，生産量を減らし，価格を引き上げ，独占利潤を得るが，これにより死荷重が発生し社会的余剰は減少する。政府は独占対策として，独占禁止法を制定し，企業がプライステイカーとして行動せざるを得ないようにするなどの介入をする必要がある。

　総費用に占める固定費用の割合が高い費用逓減産業の場合には，平均費用が逓減する領域が長く続くことになり，利潤が負になる可能性が高くなる。社会的厚生が正の場合には，たとえ企業の利潤が負であっても，生産は正当化される。政府の対応として，私的企業に対して補助金を支出することや，企業数を

減らし価格を上昇させることにより負の利潤の問題は解決可能である。しかし，後者の場合には企業数の減少に伴い寡占や独占の問題が発生することになる。

外部性とは，市場取引を経ることなしに，第3者が受ける経済的便益，または経済的損害のことであり，関係のない経済主体がプラスの効果を得る場合を外部経済といい，マイナスの影響をうけることを外部不経済という。外部経済の例としては，教育，近隣の借景，養蜂業者と果樹園の関係，模倣の容易な経営方法などがある。外部不経済の例としては，大気汚染や水質汚染，近隣住民の騒音，たばこの煙などをあげることができる。

教育などのように，私的限界効用（評価）より社会的限界効用が高い場合には，生産が過少となっており，生産量を増加させることによって社会的余剰を最大化することができる。このように外部経済が存在する財に関しては，公的供給がなされる場合が多いが，補助金を支出して最適な生産量を確保する方策も採用されている。

公害のように外部不経済が存在するケースでは，社会的限界費用より私的限界費用が低いため，企業は適正な費用を負担せず低価格で販売することが可能である。この場合，生産は過大になされており，生産量を減少させることにより社会的余剰を最大化することができる。こうした外部不経済が存在するときの政府の対策として，環境基準の設定や課税などがある。後者は，社会的限界費用と私的限界費用の差に課税する，いわゆる，「ピグー的課税」である。なお，政府が，資源配分の観点のみから，社会的限界費用と私的限界費用の差に相当する補助金を企業に支出することも考えられるが，現実的ではない。

次に，公共財に関する資源配分上の市場の失敗について説明しよう。公共財とは公的欲求を満たすための財のことであり，純粋公共財（pure public goods）と準公共財（quasi-public goods）に分類することができる。純粋公共財は消費における非排除性と非競合性の2つの性質をもつ財のことである。

非排除性とは，集合的に供給され，ある個人が財を消費するとき，他の個人の消費を排除することが困難な性質のことである。非排除性を有する財は，当該財を消費する際に，その対価を支払っても，支払わなくても消費可能な財の

ことである。そして，消費の非競合性とは，ある個人が消費する財の量が，他の個人の消費量の増減に影響を与えることはなく，同時にすべての個人が等量消費することができる性質のことである。この2つの性質を有する財は給付反対給付の原則を適用することが不可能なため，民間部門では供給不可能である。こうした純粋公共財の例として，防衛，外交，警察，消防，一般行政などを挙げることができるが，いずれも一般財源により政府部門によって供給されている財である。

なお，準公共財は，政府部門が提供している財のうち純粋公共財以外の財とみなしてよい。準公共財は，非排除性と非競合性の程度により様々な財を考えることができるが，その例として，教育や，保育サービス，医療などを挙げることができる。こうした財は，民間部門でも供給可能であるが，公平性や効率性の観点から政府部門も供給している。

現在，わが国において，一般財源で供給されている財のうち，純粋公共財よりも準公共財の占める割合が極めて高くなっている。こうした財について，政府部門が主体となって供給すべき財かどうか，その供給量は適切かどうか，等々，検討する必要がある。国家財政は歳入面及び歳出面における資源配分機能が大きく毀損しており，早期の回復は喫緊の課題である。

3　所得再分配機能

所得再分配機能とは，市場メカニズムの下で実現される所得や富の分配に対して政府が介入し変更することである。各個人は，生産に対する貢献度に応じて所得を手にするが，保有する生産手段の質や量は個人間で異なり，必然的に所得格差が発生する。また，相続や贈与による取得資産の格差は，さらに大きな所得格差を招来する可能性がある。社会的に許容できない所得や資産の格差は，公平性の観点から是正する必要がある。財政による再分配政策の実施は社会の安定性や国家としての求心力の維持の観点からも不可欠であろう。どの程度の格差是正が望ましいかは選挙システムを通した社会的価値判断に委ねられ

るが，一意的な解はない。

　所得再分配の政策手段は歳入面によるものと歳出面によるものがある。歳入面における手段はフローとストックに対する課税がある。すなわち，所得課税と資産課税による再分配である。前者は，個人所得税における累進税率の適用や各種控除によるものである。後者の資産課税は，相続税と贈与税によるものであり，いずれも累進税率と控除制度が設定されている。相続税とそれを補完する贈与税は資産格差を是正し世代を超えた資産の再分配の手段であり，スタート時点での機会の平等という理念に適っている。このように，租税による再分配は，高所得の個人や，取得資産の大きな個人に高い負担を求めるものである。

　歳出面では，一般会計における社会保障関係費などによる経済的弱者に関する移転支出である。具体的には，母子家庭等対策費，生活保護等対策費，障害保健福祉費などからなる生活扶助等社会福祉費や，雇用保険などの雇用労災対策費，それに就学援助や公営住宅供給などを通して経済的弱者に対する経費が計上されている。

　なお，賦課方式の公的年金や高齢者医療は現役世代から高齢者への所得再分配とみなされる。所得分配の公平性については同一世代間のみならず異なる世代間についても考慮すべきある。

　所得再分配機能は公平性に関する市場の失敗を是正する機能であるが，特に給付と負担の関係を精査しつつ，遂行する必要がある。公平性と効率性は，トレードオフの関係にあり，長期的な国民福祉の維持・向上の観点から，いかにバランスをとるかである。

4　経済安定化機能

　市場メカニズムによる資源配分を旨とする資本主義経済は許容範囲を超えた物価上昇や失業といった現象を引き起こす。経済安定化機能とは，物価や雇用などの安定を確保するため，総需要をコントロールすることであり，財政によ

る景気の調整である。経済安定化政策には，ビルトイン・スタビライザーと裁量的な財政政策がある。

　まず，ビルトイン・スタビライザーであるが，財政システムの中に組み込まれ，国民経済の好不況に応じて自動的に有効需要を変化させ，雇用や物価を安定させる機能である。財政収入面では，累進税率構造をもつ個人所得税や景気変動に感応的な法人所得税は，好況期には所得の増加を超える税収増により有効需要を抑制し，不況期には所得の減少以上に税収が低下することをつうじて需要を下支えする。失業保険や生活保護費などの社会保障給付費は，好況期には財政支出が減少し，不況期には増加することにより総需要を自動的に調整することが期待できる。

　次に，裁量的な財政政策とは，景気の動向に応じて租税政策及び公共支出政策により有効需要を操作する政策である。不況期には，供給に比べて需要不足の状況にあるので，需要を喚起するため，公債を発行して公共支出を拡大することや，減税をして家計と企業の経済活動を刺激する。逆に，供給よりも需要が過大な好況期には公共支出の抑制や増税をして有効需要を削減する政策を実施する。このように，国民経済の好不況に応じて，裁量的な財政政策を実施することにより雇用や物価などの安定を確保するのである。

　裁量的財政政策は，理論的には好不況のいずれの場合にも適用可能である。しかし，現実には不況期における需要喚起政策は有権者の支持を得やすいが，好況期における需要抑制政策は有権者の支持を得るのが難しい傾向にある。そのため，公債発行による財源調達が，政治的に安易に選択される傾向になり，長期にわたる場合には財政規律が緩み，公債残高の累増を招くことになる。わが国の状況が典型的な例である。なお，裁量政策は認知，実施，効果のラグがあり，むしろ経済をかく乱させる可能性もある。

　わが国においては，特に1990年代半ば以降，人口の高齢化に伴う財政需要や有効需要喚起の必要性から，所得再分配及び経済安定化の政策に対して財源が傾斜的に配分されてきており，資源配分に関わる財源は相対的に縮小傾向で推移してきている。財政の本源的機能ともいえる資源配分機能の遂行のため，長

期的視点から財源調達と財源配分を考える必要がある。

5　地方財政の機能

わが国では，中央政府と地方政府が，密接な財政的連携の下，財政の3機能を遂行している。国民福祉の維持・向上といった観点から，これらの機能を中央政府と地方政府の間にいかに割り当てるかが重要である。特定の行政区域における公共財の供給を担う地方政府は，国全体をカバーする中央政府と異なり，その権能から果たすべき機能は限られている。

国民経済は国境調整が可能であり，地域経済と比べて閉鎖的であるが，一方，地方政府が直面する地域経済は，ヒト・モノ・カネが自由に移動する開放体系である。こうした地域経済の下で，地方政府の果たすべき役割は主として資源配分機能であり，所得再分配及び経済安定化の機能は主として中央政府によって実施されている。

所得再分配政策は，住民の地域間移動等のため，地方政府が実施することは難しい。例えば，地方税に累進構造をもつ租税があり，その税率等の決定権が地方政府にあるならば，積極的な再分配政策を実施する行政区域に高水準の給付を求めて低所得者が流入し，高所得者は高負担をきらい流出する。したがって，高福祉を実施する地方政府はその再分配政策を維持することは難しいであろう。それに，地域間格差の拡大，人口の集中，国土利用の偏在化を招く可能性がある。こうした理由から，所得再分配政策は中央政府によってデザインされ，画一的に実施されるべき機能である。

経済安定化政策についていえば，地方政府は通貨供給量に直接的な影響を及ぼす権限を有していないし，地域経済という開放体系の下では，地方政府が実施する安定化政策の効果は他の地域に漏出する。また，好不況は全国同時に発生する場合が多いため，全国的な安定化政策の実施が要請される。このように，総需要をコントロールするケインズ的政策は，地方政府が実施することは適切ではなく，中央政府が担うことが望ましいといえる。

したがって，地方政府の主たる役割は，財政の3機能のうち，資源配分の機能を遂行することである。すなわち，当該行政区域に便益をもたらす地方公共財の供給と当該地域における民間部門の活性化である。具体的には，その行政区域における警察，道路，消防，教育などの住民生活及び企業活動と密接な関連をもつ地方公共財を供給すること，それに地域経済において比較優位を有する経済活動の一層の促進と，比較劣位にある民間部門の劣位性の克服により，域際収支を改善することである。基本的には，域際収支の改善はその地域経済の活性化を意味し，ひいては地方政府の税収の増加を促し，歳入における自主財源や一般財源の比率を高め，当該地域の自律的発展の基礎づくりに資するといえる。

地方政府の果たすべき機能は，基本的に地方公共財の供給と地域活性化といった資源配分機能であるとはいえ，近年，所得再分配や経済安定化に関して，地方政府が関与する範囲が増大している。

6　日本の公共部門

公的部門

国民経済は，家計，企業及び政府の経済主体から構成され，それぞれ，相互に関連しあいながら経済活動を営んでいる。家計と企業の民間部門は市場メカニズムに基づき行動し，政府を中心とした公的部門は公権力（政治）の関与の下で経済活動がなされる。

国民経済計算（System of National Accounts : SNA）では，公的部門は，非市場生産者か市場生産者かの違いにより，一般政府と公的企業に大別される。一般政府は，非市場生産者であり，租税や社会保険料などを財源として，民間部門の経済活動ではまったく供給されない純粋公共財，及民間部門ではその質や量が十分には供給されない準公共財を供給している。

一般政府は，さらに，中央政府（国），地方政府（都道府県，市町村）及び社会保障基金に分類される。中央政府には，租税収入や公債金収入などを財源と

して社会保障や公共事業，文教及び科学，防衛など基本的な公共サービスを掌る一般会計，及び特定の事業を行う場合や特定の資金を保有してその運用を行う特別会計のほとんどが含まれる。地方政府には，地方税や国からの補填財源などを財源として福祉，教育，土木，警察などの地方の基本的な施策を行うための普通会計，及び水道や病院，ガスなどの事業会計のほとんどが含まれる。

資源配分の観点から，基本的には，国防や司法など，その便益が全国に及ぶ公共サービスの供給は国が掌り，都道府県の行政区域に便益が及ぶ地方公共財はそれぞれの都道府県が担い，市町村の行政区域に便益が限定される地方公共財はそれぞれの市町村が供給する。つまり，できるだけ，公共サービスの受益と負担の一致を図ることが望ましい。

社会保障基金は，政府により賦課・支配され，社会の全体ないし大部分をカバーし，強制的な加入・負担がなされる組織であると定義され，保険料収入や，中央政府と地方政府からの移転財源などを収入として，年金や医療，介護などの給付を行う。具体的な会計としては，公的年金や雇用保険を運営する国の特別会計，地方公共団体の公営事業会計のうち医療，介護事業などが含まれる。

公的企業とは，市場生産者であるが，原則として，政府によって所有またはコントロールされている企業のことである。公的企業には，公社・事業団などの公的非金融企業と，公庫などの公的金融機関がある。

このように，一般政府と公的企業が公的部門を構成し，資源配分の調整，所得分配の是正，経済の安定化といった財政の機能を遂行している。

国と地方の関係

地方公共団体は，地方自治法により人格を認められた公法人である。わが国における中央政府（国）と地方政府（都道府県・市町村）の関係は極めて密接である。税源配分をみると，国税と地方税は概ね3対2であるが，財源配分は2対3になり，最終支出主体としての地方財政は国家財政の1.5倍の規模となっている。国から地方公共団体（都道府県・市町村）に対して地方交付税や国庫支出金などの財源トランスファーが実施されているからである。見方を変えると，

事務配分は地方公共団体に傾斜的に配分されているが，国による地域間の再分配を重視した政策のため，税源は国に大きく配分されているといえる。わが国では，地方交付税，国庫支出金及び地方債の3者により，国が地方公共団体の財源を保障する仕組みとなっている。

国から地方公共団体に交付される使途が特定されていない一般補助金には，地方交付税，地方譲与税及び地方特例交付金がある。とくに，地方交付税は地方公共団体間の財政力格差の是正と財源保障を狙いとして都道府県と市町村に交付されるものであるが，その効果は極めて大きなものがある。ちなみに，2016年度における地方歳入に占める一般補助金の割合は19.4%である。

国庫支出金は，当初から国家的見地や国民経済的見地等に基づく国の政策意図が加わっており，特定の経費に充当することを条件に国から地方公共団体に支出される特定補助金である。国庫支出金の主な役割は，公共サービスの一定水準の確保，スピルオーバー効果を伴う公共サービスの最適水準の確保，及び地方公共団体の特定の事業の奨励などである。さらに，直接に意図したものではないが，事後的に，国庫支出金は財政力の弱い地方公共体に対して傾斜的に配分されている。2016年度における地方歳入に占める国庫支出の割合は15.4%である。

地方債の発行は，国の規制や監督の下で行われている。地方債の発行根拠は，地方自治法第230条に規定され，そして地方財政法第5条では発行を認める適債事業を5つ上げている。その例外として，地方財政計画上の通常収支の不足を補填するために発行される地方債として臨時財政対策債が2001年度から発行されている。地方債を発行するときは，原則として，都道府県及び指定都市は総務大臣，市町村は都道府県知事と協議を行うことが必要とされている。こうしたことから，総務省は地方債を依存財源として捉えている。2016年度における地方歳入に占める起債による収入の割合は10.2%である。

一方，地方公共団体から国に対する財源トランスファーとして，国直轄事業負担金がある。国が直接実施する道路や河川，港湾などの整備事業費や維持管理費の一定割合を，地方公共団体が負担すべきことを道路法や河川法などで義

務づけている。地方公共団体は，国直轄事業負担金を普通建設事業費の一部として計上しており，2016年度は7,822億円で普通建設事業費の5.5％を占めている。

　このように，わが国では，国家財政と地方財政は密接な財政的連携の下，国民の享受する公共サービスを供給している。行政区域間で所得，消費，資産の税源の賦存量に差異があり，また，行政サービスの供給コストにも大きな格差がある。財政力の弱い地方公共団体では国による財源補填なしでは一定水準の行財政の実施が不可能な状況にある。地方圏の疲弊が著しい中で，国と地方の関係は国民福祉の維持向上の観点から再構築することが要請されている。人口の少子高齢化など，社会経済情勢の変化を見据えつつ，持続可能な仕組みをデザインする必要がある。

参考文献
井堀利宏『財政』（第3版）岩波書店，2008年。
宇波弘貴編著『図説日本の財政』（平成29年度版）東洋経済新報社，2017年。
加藤久和『財政学講義』文眞堂，2003年。
木下和夫監修・大阪大学財政研究会訳『財政理論Ⅰ・Ⅱ・Ⅲ』有斐閣，1961年（Musgrave, R. A., *The Theory of Public Finance*, McGraw-Hill, 1959）。
小西砂千夫『財政学』日本評論社，2017年。
星野泉・小野島真『現代財政論』学陽書房，2007年。
佐藤進・関口浩『財政学入門』（改訂14版）同文舘，2018年。
神野直彦『財政学』有斐閣，2002年。
林宜嗣『財政学』（第3版）有斐閣，2012年。
能勢哲也『現代財政学』有斐閣，1986年。

練習問題
問題1
広義の市場の失敗と財政の機能について説明しなさい。

問題2
財政の所得再分配機能について，歳入面と歳出面から説明しなさい。

問題3
地方財政の機能は主として資源配分機能であることを説明しなさい。

（池宮城秀正）

第1章
財政と市場メカニズム

―― 本章のねらい ――
　本章では，はじめに市場機構がもたらす資源配分メカニズムついて学ぶ。まず，市場の基本的な性質や価格の役割，効率性等，市場機構の基本的な概念を整理し，最も効率的な資源配分の状態である「パレート最適」について紹介する。後半では，市場機構がうまく機能しないケース，すなわち，パレート最適ではない状態，いわゆる市場の失敗について説明しつつ，市場の失敗を解決するための政府の役割を紹介する。

1　効率的な資源配分

　経済全体の効率的な資源配分は，「効率的な生産」と「パレート最適」の2つの基準が同時に満たされるときに実現する。本節では，市場経済や価格の役割について述べた後に，生産の効率性，及びパレート最適について示す。ここでは無政府の下で理想的に動いている市場経済を想定している。

市場経済と価格の役割
　自由競争を前提とした市場経済の下では，個々の売り手（供給）と買い手（需要）は，価格をシグナルとして財・サービスの供給量と需要量を決定する。売り手と買い手が経済取引を行う場を市場（market）とよび，市場がうまく機能しているときには，財・サービスの供給量と需要量が一致する。
　完全競争市場では，需要と供給が一致するように財の価格と数量が調整され

る。財の需給が一致する点は均衡点とよばれ，このような需給の一致をもたらすような価格と数量を，それぞれ，均衡価格，均衡取引量とよぶ。もし，財の需要量が供給量を下回れば，超過供給が生じるため価格下落の圧力が働き，逆に需要量が供給量を上回れば超過需要が生じるため，価格上昇の圧力が働く。

このように，完全競争市場においては，価格の自動調整機能によって財の需給が一致する。市場において均衡価格と均衡取引量が実現しているとき，市場では効率的な資源配分が達成される。

消費者余剰と生産者余剰

ここで，消費者と生産者の便益について考えてみよう。消費者の便益は，消費者余剰と呼ばれる。消費者余剰とは，消費者がその財を購入するために支払ってもよいと考える金額と，実際の市場価格との差で表される。もう少し直観的な表現でいえば，消費者余剰とは消費者のお得感のことを指す。すべての消費者の余剰について足し合わせると市場全体の消費者余剰になる。図1-1でみると，需要曲線の下方で且つ均衡価格の上方の領域，すなわち三角形 AE_0P_0 が消費者余剰を表している。

次に，生産者余剰とは，生産者がその財を販売して得た金額（販売価格）から，その財を生産するのに費やしたコスト（限界費用）を差し引いたもので，いわゆる生産者の利潤である。すべての生産者の余剰について足し合わせると市場全体の生産者余剰になる。図1-1における，供給曲線の上方で且つ均衡価格の下方の領域，すなわち三角形 BE_0P_0 が生産者余剰を表している。

消費者余剰 AE_0P_0 と生産者余剰 BE_0P_0 を足し合わせたものは，総余剰（または社会的余剰）と呼ばれる。資源配分が最適になされている場合の均衡点は E_0 で，均衡価格 P_0，均衡取引量 Q_0 である。均衡点 E_0 において社会の総余剰 AE_0B が最大になる。市場経済において，資源が効率的に配分されているとき，総余剰，すなわち，社会的厚生が最大になる。

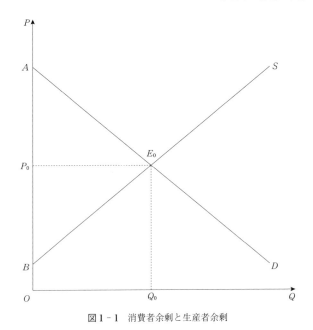
図1-1 消費者余剰と生産者余剰

生産及び消費の効率性と経済全体の効率性

X財とZ財の2財を生産する経済を考えるとき，Xの産出量を減少させることなしに，Zの産出量を増加させることができるならば，その社会の生産活動は非効率的である。なぜなら，このような社会においては，資源配分を変更することで，より効率的な経済を実現できるからである。

このように，資源配分の効率性については，パレート効率性の概念を用いて説明することができる。以下では，資源配分の効率性について理解を深めるために，生産と消費，それぞれの観点から経済効率性を議論し，その後に経済全体の効率性が達成される条件を考える。

生産の効率性　あらゆる経済社会が直面する経済問題は，希少な資源を用いて，「何を，どのように，誰のために」生産するのかを研究することである。資源は有限であるが，人間の欲望は無限であるという前提に立てば，人間の欲望をできるだけ満たすためには，限られた資源を用いて効率的な生産

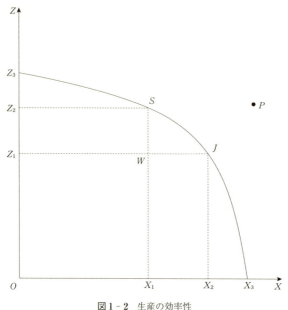

図1-2 生産の効率性

活動を行うことが望ましい。

　効率的な生産活動とは，どのようなものであろうか。図1-2は，経済活動における生産の効率性を示したものである。ここでは，X財とZ財の2財を生産する経済を考えよう。この図では，利用可能な資源を用いてXとZの両財が最大でどれくらい生産できるのかが示されている。利用可能な資源をすべてX財の生産に投入すれば$X=X_3$の生産量となり，逆に資源をすべてZ財の生産に投入すれば，$Z=Z_3$の生産量となる。このX_3，Z_3で囲まれ領域を生産可能領域とよび，その生産可能領域の境界上の曲線を生産可能性曲線とよぶ。ある社会において生産可能性曲線上で生産が行われている場合，その社会の生産活動は効率的である。なぜなら，生産可能性曲線上での生産は，一方の財の生産量を減少させることなしに，他方の財の生産量を増加させることはできないからである。

　例えば，生産可能性曲線上の点Sの下でX_1の生産量が実現されているなら

ば，X の生産量を X_1 から X_2 へ増加させるためには，Z の生産量を Z_2 から Z_1 へ減少させなければならない。このとき，X を追加的に生産するために犠牲にしなければならない Z の生産量を限界変形率（Marginal Rate of Transformation: MRT）とよぶ。X の Z に対する限界変形率は，生産可能性曲線の傾きで表されるが，X, Z 両財の等量曲線の接点である。

なお，図 1-2 から明らかなように，点 P は生産可能領域の外側に位置しているため，この社会では P の生産は不可能である。また，W をみると，Z の生産量を減少させることなしに，X の生産量を X_1 から X_2 へと増加させることができることから，W は非効率な生産を行っていることがわかる。このように考えると，W のような生産可能性曲線の内側での生産は，すべて非効率な生産活動であることが理解できよう。

消費の効率性　消費の効率性を定義するために，ここでは社会に消費者のみが存在する市場を想定しよう。消費者しかいない市場では，各消費者は保有している財を他の消費者と交換することによってのみ自身の効用を増大させることができる。

図 1-3 は，消費者 A と消費者 B が X 財と Z 財をそれぞれ保有している状況を表している。A の原点は，図の左下 O_A で表されており，そこを起点として横軸に X 財，縦軸に Z 財の保有量がそれぞれとられている。したがって，A にとっては原点 O_A から右上に行くほど X 財，Z 財の消費量が増加する。他方，B の原点は右上の O_B であり，そこを起点として横軸に X 財，縦軸に Z 財の保有量がそれぞれとられている。この場合，B の消費量は，原点 O_B を起点として左下方にいくほど X 財と Z 財の消費量が多くなる。

A と B の消費の状況に応じた両者の無差別曲線（i^A, i^B）が図 1-3 において描かれている。

無差別曲線は，原点から離れるほど効用水準が高いことを意味し，また各人の無差別曲線の傾きは効用水準を一定に保つための 2 財（X, Z）の交換比率，すなわち，限界代替率（Marginal Rate of Substitution : MRS）を表している。A にとっては i_1^A よりも i_2^A や i_3^A の方が効用水準は高く，また B にとっては i_1^B よ

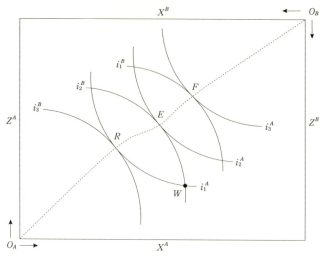

図1-3 消費の効率性

りも i_2^B や i_3^B の方が効用水準は高い。以下では，点 W を両者の X, Z 財の初期保有点として，交換による資源配分の変化を説明しよう。

初期保有点 W は，A の無差別曲線 i_1^A と B の無差別曲線 i_2^B の交点で示されているが，W はパレート効率的な資源配分ではない。なぜなら，W から R や E へ配分を変更できれば，誰かを犠牲にすることなく，A と B ともにより高い効用を得ることができるからである。すなわち，B の無差別曲線を i_2^B に固定して，A は i_1^A からより効用水準の高い無差別曲線 i_2^A に移ることが可能であり，また A の無差別曲線 i_1^A を固定して，B は i_2^B から i_3^B へ移ることができる。

このように考えると，パレート効率的な資源配分とは，両者の無差別曲線が接する R, E, F 点などである。言い換えれば，これらの点は A と B の限界代替率が一致する点であり，したがって経済におけるパレート効率的な資源配分の条件は以下で表すことができる。

$$MRS_{XZ}^A = MRS_{XZ}^B \tag{1.1}$$

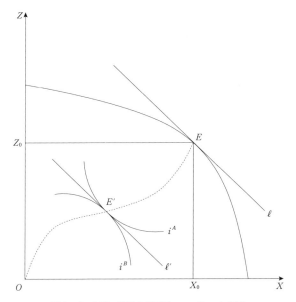

図1-4 生産・消費の効率性——パレート最適

ただし，MRS^A_{XZ}は消費者AのX財に対するZ財の限界代替率，MRS^B_{XZ}は消費者BのX財に対するZ財の限界代替率である。なお，ここで注意してもらいたいのは，図においてパレート効率的な配分は点R，E，Fだけでなく，無数に存在するということである。点R，E，Fなどのような効率的な資源配分の集合は消費契約曲線と呼ばれ，図ではこれらの契約曲線の軌跡（$O_A O_B$）が描かれている。

生産と消費の効率性
——パレート最適　これまでみてきたように，生産と消費，それぞれの効率性は，生産可能性曲線上で生産が行われていること，そして消費者A，Bの限界代替率が一致することとして定義された。これらを踏まえて，以下では生産と消費の効率性が同時に達成される条件，すなわち，パレート最適の条件を考えよう。

図1-4には，生産可能性曲線と消費の効率性が同時に描かれている。Eなどの生産可能性曲線上における生産はすべて効率的生産であり，E'などの消

費契約曲線上での消費はすべて効率的消費である。

すでに述べたように，生産の効率性が達成されているとき，その社会では生産可能性曲線上で生産活動が行われている。このとき，X の Z に対する限界変形率 MRT は，生産可能性曲線の傾きである。

$$MRT_{XZ} = \frac{\Delta Z}{\Delta X} \qquad (1.2)$$

他方，消費経済におけるパレート効率的な資源配分の条件は，消費者 A, B, それぞれの X 財に対する Z 財の限界代替率が一致することであった。なお，ここでは A, B の2人の個人が構成する社会を仮定しているので，これを一般化すれば，

$$MRS^A_{XZ} = MRS^B_{XZ} = MRS_{XZ} \qquad (1.3)$$

となる。ただし，MRS_{XZ} は消費者の X 財に対する Z 財の限界代替率である。これらの議論を前提として，生産と消費の効率性が同時に実現する条件は以下で示される。

$$MRT_{XZ} = MRS_{XZ} \qquad (1.4)$$

(1.4)式より，生産と消費の効率性が同時に実現する条件とは，生産面での限界変形率と消費面での限界代替率が一致することである。これを図1-4でみると，生産可能性曲線上の点 E において生産の効率性が実現されており，そして E の接線 ℓ の傾きは，式(1.4)の左辺である限界変形率を表している。この E における財の組み合わせを所与として，消費契約曲線上で消費活動を行うことになるが，ここで式(1.4)を満たす消費契約曲線上の消費は，点 E' のみであることがわかる。点 E' はパレート効率的であり，かつ接線 ℓ' の傾き

が点 E の傾き ℓ と等しくなっている。言うまでもなく，点 E' の傾きは限界代替率 MRS_{xz} であり，E の傾きは限界変形率 MRT_{xz} であるので式(1.4)が成立する。したがって，生産面と消費面の両者，すなわち経済全体の効率性が実現するのは，$MRT_{xz}=MRS_{xz}$，が成立する時であることが理解できよう。

さて，これまでの論議は，政府がなく，理想的に動いている経済を仮定していた。その前提条件は以下のとおりである。①企業は利潤極大化行動，消費者は効用極大化行動をとる。②外部性は存在しない。③生産要素市場及び生産物市場は完全競争である。④財はすべて分割可能である。⑤資源の完全利用が市場で実現している。これらの条件がすべて満たされていれば最適資源配分，すなわち，パレート最適が実現する。しかし，これらの条件は現実の経済では成立せず，資源配分上の市場の失敗が生じる。ここに，政府活動が不可欠となるのである。

2　市場の失敗と政府介入

前節では，無政府の状況の下で理想的に動いている市場経済を仮定して，最適資源配分の状況を示した。市場機構が完全に機能し，経済全体の効率性が実現しているのであれば，政府活動は必要ない。しかし，現実の経済においては上記の前提条件は満たされず，市場メカニズムはうまく機能しない。このように市場が効率的な資源配分を実現できないことを狭義の「市場の失敗」と呼ぶ。現実の経済において市場の失敗が存在するとき，政府の市場への介入が正当化される。資源配分上の市場の失敗を引き起こす要因は，公共財，独占や寡占，費用逓減，外部性，情報の不完全性などである。

以下では，独占，費用逓減，外部性，公共財，情報の不完全性をとりあげ，市場の失敗に対する政府の役割について考えよう。

独　占

完全競争市場において，個々の消費者と生産者は，価格に対する影響力を持

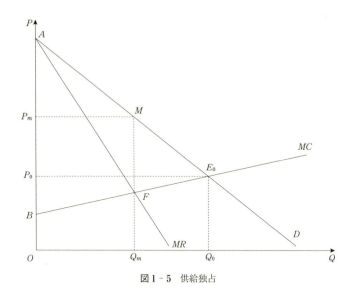

図1-5 供給独占

たないプライステイカーとして行動する。しかしながら，現実の経済では，市場に少数の生産者しかおらず，それら少数の生産者が価格への影響力をもつケースがある。このように市場に少数の生産者しかいないケースは不完全競争市場とよばれ，資源配分の効率性を失わせることが知られている。以下では，不完全競争市場において市場の失敗が生じるケースとして，独占の問題をとりあげる。

図1-5には，独占企業が直面する需要曲線とそれに対応する限界費用曲線及び限界収入曲線が描かれている。完全競争市場においては，各企業はプライステイカーなので，企業は与えられた価格の下でいくらでも財を供給することができる。そのため完全競争市場における企業の限界収入 MR はその財の市場価格 P と等しくなる。しかし，供給独占の場合，企業はプライステイカーではなく価格支配力をもつため，その企業が供給を増やせば，当然価格は下落する。したがって，独占企業の限界収入は価格と等しくはならず，価格よりも低くなる。これを示したのが，図1-5の限界収入曲線 MR である。

さて，独占企業の利潤最大化行動についてみてみよう。完全競争市場におけ

24

る企業の利潤最大化の条件は，限界収入 MR＝限界費用 MC となるまで生産することである。なぜなら，企業の限界収入＞限界費用であれば，企業はもう1単位生産を増やすことによって利潤を増加させることができるからである。逆に限界収入＜限界費用であれば，企業は生産量を減少させることで，利潤を増やすことができる。このように考えると，企業にとっての利潤最大化の条件とは，限界収入＝限界費用となるまで生産を行うことである。完全競争市場においては，限界収入＝価格であるので，結局，企業は価格と限界費用が等しくなるまで生産を行う。

こうした利潤最大化の条件は，独占企業においても同じである。図1-5では，限界収入 MR＝限界費用 MC となる生産量 Q_m で利潤が最大になる。ただし，完全競争市場と違い，独占企業の限界収入 MR は価格 P_m と等しくはならない。図において，独占企業の限界収入と限界費用が等しくなる点は F で示されているが，このとき独占企業の設定する価格 P_m は，需要曲線上の点 M に対応する。

完全競争市場における生産量は Q_0 であるので，独占企業による生産量 Q_m は，完全競争市場におけるそれよりも過少になる。また，完全競争市場における均衡価格は P_0 であるので，独占企業が設定する価格 P_m は，均衡価格よりも高くなっている。このように，企業が1社しかない独占においては，社会的にみて望ましい生産水準 Q_0 よりも少ない量しか財が供給されず，その結果資源配分に歪みが生じるのである。

なお，完全競争市場における生産量 Q_0 の場合の社会的余剰は AE_0B であるが，独占的企業による生産量 Q_m では $AMFB$ となり，ME_0F の余剰が社会から失われる。この余剰の減少を死荷重（deadweight loss）とよぶが，これは価格と限界費用が乖離しており，したがって，限界効用（需要曲線）と限界費用（供給曲線）が乖離しているからである。資源配分上，ME_0F の余剰の減少は回避されねばならない。

政府の対独占政策としては，独占禁止法を制定し，企業がプライステイカーとして行動せざるを得ないようにすること，独占企業の行動に規制を加え完全

競争市場と同一の価格と生産量を実現させる（限界費用価格規制）こと，及び当該財の生産を公的企業によって行い完全競争市場における価格と生産量を実現すること等である。ただ，余剰の極大化のみを狙いとするのであれば，政府が独占企業に補助金を与えて価格 P_0 と生産量 Q_0 を実現させることも考えられるが，独占企業への補助金は社会的に許容されないであろう。

費用逓減産業

これまでの議論は，固定費用がなく，生産者は利潤最大化のため価格と限界費用が等しくなるように生産量を決定すると仮定した。しかし，総費用に占める固定費用の割合が大きく，生産量の増加とともに平均費用が逓減する費用逓減産業の場合には利潤が正になるとは限らない。固定費用が存在するときには，総費用＝供給曲線（MC）下の面積＋固定費用，となるためである。

図1-6において，市場価格が P_1 で，生産量 Q_1 の場合に $ABCP_1$ の損失が発生し，私的企業による生産は行われえない。固定費用が巨額の場合には，平均費用が逓減する領域が長く続くことになり，電力，ガス，水道，鉄道などの企業では利潤が負になる可能性が高くなり，必ずしも私的企業によっては供給されえない。

費用逓減産業の場合には，社会的厚生は，総余剰から固定費用を差し引いた値として考える必要がある。社会的厚生が正の場合に，たとえ企業の利潤が負であっても，生産は正当化される。図1-6のような私的企業に対しては，政府の対応として補助金を支出することである。また，企業数を減らし，価格を上昇させることで生産量が平均費用の逓増領域に入ることによって，負の利潤の問題は解決される。しかし，この場合には企業数の減少に伴い寡占や独占の問題が発生することになる。

外部性

外部性とは，ある経済主体の経済活動が，市場取引を経由しないで，他の消費者の効用関数または他の企業の生産関数に対して直接に与える効果のことで

第1章 財政と市場メカニズム

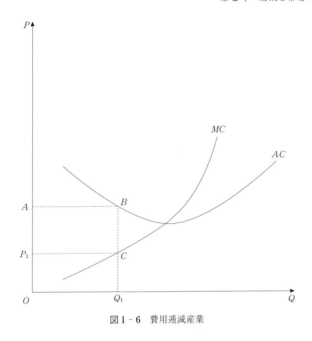

図1-6 費用逓減産業

ある。換言すれば，市場取引を経ることなしに，第3者が受ける経済的便益，または経済的損害のことである。関係のない経済主体がプラスの効果を得る場合を外部経済と言い，マイナスの影響をうけることを外部不経済と言う。

外部経済の例としては，教育，借景，模倣の容易な経営方法，養蜂業者と果樹園の関係がある。ここでは，養蜂業者と果樹園の関係を例にとり説明しよう。養蜂業者にとって，果樹園が近くにあれば効率的に蜂蜜を集めることができるので，蜂蜜をつくるためのコストが節約でき利潤の増大につながる。また，果樹園にとっても養蜂業者が近くにあれば，蜂が果樹の受粉を助けてくれるので，果樹園業者はコストが節約でき利潤の増大につながる。こうして両者の間にはプラスの効果（外部経済）が働くことになる。

外部不経済の例としては，大気汚染や水質汚染，騒音，たばこの煙などがあげられる。例えば，大気汚染を発生させる企業が立地している場合，当該地域に住む住民は企業が排出する汚染物質によって健康を害するかもしれない。ま

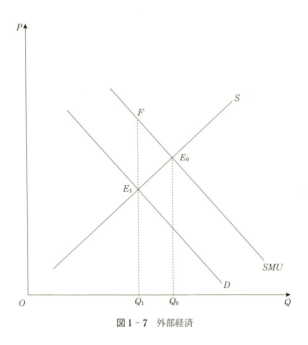

図1-7 外部経済

た，川の上流で企業が汚染物質を流せば，川下で漁業を営む漁師の生活が脅かされる可能性がある。このように，外部不経済とは，他の経済主体から金銭的な見返りをもらわずに，迷惑をかけられることをいう。

　市場メカニズムが機能している経済では，価格がシグナルとなって財の需要と供給が一致し，資源の最適配分が実現する。しかし，外部性の問題については，市場メカニズムによる解決が難しく，政府による問題の解決が求められる。外部性について政府介入が正当化されるのは，①消費者（企業）が効用（利潤）最大化行動をとる上で外部効果を考慮しない，②各経済主体が外部効果を考慮せずに行動をした結果，社会的に望ましい水準よりも財が過剰（過少）に生産される，といった理由からである。

外部経済があるときの市場均衡　図1-7には，外部経済が存在する場合の市場均衡が示されている。図の D は需要曲線（私的限界効用曲線），S は供給曲線（限界費用曲線）であり，E は均衡点である。社会全体の限界効用 SMU は

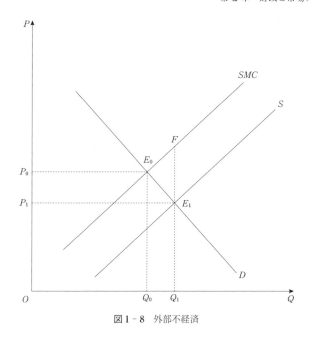

図 1-8 外部不経済

外部経済の存在のため,私的限界効用より大きい。つまり,当該財に対する私的評価よりも,社会的評価が高いのである。

外部経済を考慮しない場合の市場均衡は E_1 で,外部経済を考慮した場合は E_0 である。社会的余剰を最大化する生産量は Q_0 であり,市場均衡 E_1 では生産量が Q_0-Q_1 だけ過少となっている。この場合の社会全体の余剰の損失は E_0FE_1 である。教育などのように,外部経済が存在する財に関しては,公的供給がなされる場合が多いが,補助金を支出して最適な生産量を確保する方策も採用されている。

外部不経済があるときの市場均衡 　外部不経済が存在する場合の市場均衡を示したのが図 1-8 である。縦軸には財の価格と費用が,横軸には数量がとられている。需要曲線 D は,外部不経済を発生させる財への需要を表しており,供給曲線 S は私的限界費用を反映している。また,SMC は社会的限界費用曲線と呼ばれるもので,外部不経済を発生させる財が供給されることによる

社会的な限界費用が描かれている。当然ながら，生産が増加すれば，社会的限界費用も増加する。

供給曲線 S は生産者にとって直接的な負担となる私的限界費用しか反映されておらず，外部不経済を含めた社会全体の限界費用は供給曲線 S より大きく，図 1-8 では社会的限界費用曲線 SMC として示されている。

社会的余剰を最大化する生産量は Q_0 であり，市場均衡では Q_1 である。外部不経済を考慮しない場合には，Q_1-Q_0 だけ生産量が過大となっており，社会全体の余剰の損失は E_0FE_1 である。大気汚染や汚水，騒音などといった外部不経済に対する政府の介入には，環境基準の設定やピグー的課税などが考えられる。

まず，環境基準を法令により設定する場合についてである。生産者は環境基準の達成のため，外部不経済を除去する設備を設置することで私的限界費用が上昇し，生産量は減少する。外部不経済の除去費用が生産過程に組み込まれ，市場取引の中で処理されることになる。規制は最適なレベルに設定することが必要であるが，最適な規制水準は必ずしも外部不経済ゼロの状況ではなく，外部不経済に対する対策の限界費用と被害の限界減少額が等しくなる場合である。

次に，ピグー的課税についてである。企業が外部不経済を放置しながら生産しているならば，社会的限界費用と私的限界費用の差に相当する補助金を社会から受けているとみなしうる。その差に相当する課税を行えば，私的限界費用が上昇し社会的限界費用と一致することになる。最適資源配分の達成を狙いとして課される租税は A.C. ピグーの名に因んで「ピグー的課税」と呼ばれている。ピグー的課税が実施された場合に，各企業は税額と外部不経済除去費用を比較して，負担の軽重を勘案し選択する余地を与えることや，社会的限界費用や私的限界費用に関する正確な情報を確保する困難さなどの問題点がある。なお，政府が，資源配分の観点から，社会的限界費用と私的限界費用の差に相当する補助金を各企業に支出することも考えられるが，現実的ではないであろう。

情報の不完全性

完全競争市場においては，すべての消費者と生産者は，経済活動を行う際に完璧な情報をもっていると仮定している（完全情報）。しかし，現実の経済においては，経済主体間で保有する情報量に違いがあるのが普通である。例えば，医療サービスの需要者である患者と供給者である医師との間には，医療に関する知識量の差があるし，中古車市場では車の質や性能について，売り手と買い手の間で情報量にかなりの違いがある。このように，経済主体間で「情報の非対称性」が存在する場合，市場の失敗が生じる。

不完全情報による市場の失敗の事例として，火災保険を例に保険市場をとりあげる。ある個人が火災保険に加入した場合，保険料を毎月支払う代わりに，火災等の被害にあった際には保険会社から保険金が支払われる。保険会社の支払いは，保険加入者がどの程度火の用心をするかに左右される。しかし，保険会社は保険購入後の個人の行動を逐一観察することは不可能であり，加入者が日常的に火の用心に努めていたかどうかをチェックすることは難しい。このことは，保険会社と保険加入者との間に情報の非対称性が存在することを意味する。保険会社と保険加入者との間で情報の非対称性が存在する場合，保険加入者は，火災への注意を怠っても，保険会社にはそれがわからないということを見越して行動するようになる。

情報の非対称性が存在する場合，保険加入者は本来果たすべき義務である火災への注意を以前よりも怠る可能性がある。保険契約によって火災というリスクに備えたことで，万一，火災にあっても保険加入者に損害が生じないからである。このように，保険が準備されている結果，保険加入者のリスク回避のための意識が薄れることを「モラル・ハザード (moral hazard)」という。モラル・ハザードによって火災の発生件数が増加すれば，経済的な損失が生じるだけでなく，火災保険料の上昇という非効率性を招くことになる。そこで，火災による損害の一定額まで加入者が負担するという免責条項を加えることにより，損害額の一部を加入者に負担させることで注意怠慢をある程度防ぐことができる。

保険市場におけるもう1つの問題として，逆選択がある。逆選択とは，情報劣位者が契約相手などを選択する場合に，情報の非対称性により結果的に逆の選択をしてしまうことをいう。いま，医療保険を販売する会社があるとする。利潤最大化を目指す保険会社にとって，保険契約の際にできるだけ健康な人と契約を結ぶことが経営上望ましい。しかし医療保険を購入したいと考える個人の健康状態をすべて知ることは困難であり，ここに保険会社と消費者との間に個人の健康状態に関する情報の非対称性が発生する。情報の非対称性が存在するなかで保険会社が医療保険を販売すると，健康状態に自信のない人だけが医療保険に加入するという事態が起き得る。なぜなら，医療保険に加入したい人は，保険料を支払ってでも医療保険を購入したい人であり，健康状態に自信のない人である可能性が高いからである。

　健康状態に自信のない人だけが保険会社の医療保険を購入するのであれば，当該保険会社は採算上保険料を引き上げざるを得ない。しかし，保険料の引き上げは，さらに健康状態の悪い人の加入を促すことになる。このように，本来，保険会社は健康な人との契約を望んでいるにもかかわらず，実際は健康状態の悪い人と契約を結ぶことになることを「逆選択（adverse selection）」と呼ぶ。逆選択の状態が続けば，保険市場そのものが成立しなくなり，資源配分に歪みが生じる。

　医療保険による逆選択は強制保険では生じないが，任意保険の場合，保険会社は加入時に健康診断を義務付け，健康状態に応じた保険料の設定などによって，資源配分を改善することが可能である。

3　公共財の最適供給

公共財とは

　公共財とは公的欲求を満たす財のことであり，純粋公共財（pure public goods）と準公共財（quasi-public goods）に分類することができる。純粋公共財は消費における非排除性と非競合性の性質をもつ財であり，民間部門では供給

できない財のことである。非排除性と非競合性の程度により様々な財を考えることができるが、準公共財は政府部門が提供している財のうち純粋公共財以外の財とみなしてよい。

特定の人をその財の消費から排除することができない場合、消費の非排除性を有するという。消費の非競合性とは、ある人が消費しても同時に他の人も消費することができることをいう。逆に、私的財は、消費の排除性と競合性を有する財である。純粋公共財の例として、防衛、外交、警察、消防、一般行政などをあげることができる。以下では、純粋公共財（公共財）を念頭に置き、公共財の最適供給について考えよう。

公共財の最適供給

まず、公共財のみの場合の最適供給の条件についてである。公共財の最適条件は、社会全体の限界効用（評価）と限界費用が等しくなることである。したがって、MU_i を個人 i の公共財に対する限界効用、MC を公共財供給の限界費用とすると、最適条件は、$\sum MU_i = MC$、である。この式の左辺は、公共財に対する各人の限界評価の総和、すなわち社会的限界効用であり、右辺は公共財供給の限界費用である。同式からわかるように、公共財の最適供給の条件は、社会的限界効用と限界費用が一致することである。

次に、私的財を含めた経済全体における資源配分の観点から公共財の最適供給条件を考えてみよう。個人 A と個人 B から構成される社会において、私的財 Z と、公共財 Y が供給されている経済を想定する。

図1-9は、縦軸に私的財 Z、横軸に公共財 Y をとり、限られた資源を使って私的財 Z と公共財 Y を生産している状況を示したものである。点 T は、資源をすべて私的財の生産に配分している状況であり、点 T' は資源をすべて公共財の生産に配分している状況である。T と T' を結んだ境界線 TT' は生産可能性曲線と呼ばれる。この生産可能性曲線の傾きは限界変形率（MRT）である。限界変形率は、私的財の生産を1単位減らしたとき、公共財の生産を何単位増やすことができるかを示しており、両財の等量曲線の接線の傾きである。

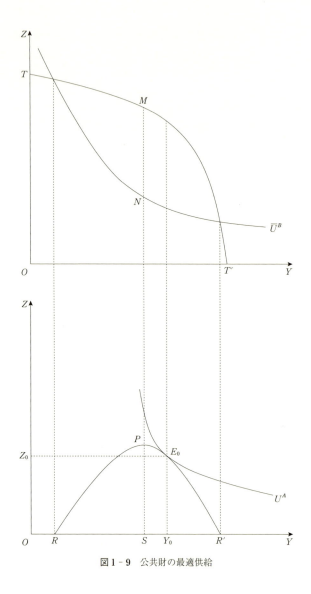

図 1-9 公共財の最適供給

A と B は，私的財 Z と公共財 Y を，それぞれ，消費することで効用を得ている。

経済全体の私的財の消費量は A と B の消費量を合計したものである。経済

全体の私的財 Z は，$Z=Z_A+Z_B$ である。他方で，公共財の場合，消費の非競合性を有するため A も B も同じ量の公共財を消費することができる。個人 A と B の公共財の消費量は供給量 Y と等しくなる。すなわち，公共財 Y は社会の成員すべてが等量を消費することになるため，$Y=Y_A=Y_B$，となる。

公共財の最適供給については，すでに効用最大化された B の効用を維持しつつ，A の効用を最大化するという方法で導くことができる。まず，経済全体の私的財 Z の量は，横軸から上方へ向かう生産可能性曲線の高さで示されている。また，B が消費した私的財 Z と公共財 Y の組み合わせは，無差別曲線 $\overline{U^B}$ で示されている。なお，A が効用最大化を行う際に消費可能な私的財の量は B が消費した残りである。

したがって，A が消費できる私的財の量は，無差別曲線 $\overline{U^B}$ と生産可能性曲線 TT' の差である。図では，その差が最大となるのが MN（$=PS$）であり，その差をすべて図示したのが，RR' である。したがって，RR' が A にとっての私的財と公共財の選択可能な組み合わせである。この RR' 線上で個人 A が最大の満足を得る点が公共財に対する資源配分が最適になる点となる。この点は，図では E_0 点であり，U_A の傾きと RR' の傾きは等しい。したがって，$MRS^A_{YZ}+MRS^B_{YZ}=MRT_{YZ}$，となる。この式は，公共財と民間財の間の限界代替率 MRS を，消費者すべてについて合計した値が，生産面における公共財と私的財の間の限界変形率 MRT に等しいことを示している。この条件が成立しているとき，公共財に対する最適資源配分 Y_0 が達成されるのである。

参考文献
石弘光『財政理論』有斐閣，1984年。
伊藤元重『ミクロ経済学』（第2版）日本評論社，2003年。
小川光・西森晃『公共経済学』中央経済社，2015年。
西村和雄『ミクロ経済学』岩波書店，2011年。
西村幸浩・宮崎智視『財政のエッセンス』有斐閣，2015年。
野口悠紀雄『公共経済学』日本評論社，1982年。
畑農鋭矢・林正義・吉田浩『財政学をつかむ』有斐閣，2008年。

林宜嗣『財政学』(第3版) 新世社, 2011年。

練習問題

問題1
近隣住民の騒音を例に, 外部不経済について説明しなさい。

問題2
中古車市場を例に逆選択について説明しなさい。また中古車市場における逆選択への対応策について述べなさい。

問題3
わが国の防衛(施設)を例に, 純粋公共財の性質について述べなさい。

(比嘉正茂)

第2章
日本の予算制度

本章のねらい

　財政は，国民から強制的に獲得した租税や国債などを財源として，国民福祉の維持向上に資するために支出することを目的としている。そのため，財政は国民の合意に基づいて実行される仕組みが必要となる。こうした要請に応えるために存在するものが予算である。予算制度は，行政を国民のコントロール下に置くこと，そして予算活動に際して最大の効果を発揮するためにも不可欠な仕組みである。

　本章では，まず，予算の概念や予算の仕組みを学習する。また，公的金融として民間の投融資活動を補完する役割を担う財政投融資について解説する。さらに，財政構造の弾力性が低下している中で，予算の一層の効率化が求められている折，予算制度改革をとりあげる。

1　予算の機能と予算原則

　予算とは，一定期間における政府の収入と支出の予定計画表である。資源配分，所得再分配及び経済安定化といった財政の3機能は予算政策を通じて遂行される。以下では，予算の機能及び予算原則について解説する。

予算の機能

　予算活動は，予算の機能をできる限り的確に遂行することが求められる。予算の第1の機能は，財政政策的機能である。これは国家会計の合理的遂行のための計画としての機能であり，予算の論理的原型である。第2は，政治的機能

である。予算は，政府の客観的な政治の方針を金額表示したものである。第3は，法律的機能である。予算は国会における議決により強制力が与えられており，法律のごとく拘束力をもって執行されなければならない。第4は財務統制的機能である。これは，乱費や不合理な支出を抑制するために，予算と決算を対比することにより予算が的確に執行されたかを確認する機能である。第5は，行政管理的機能である。予算に計上した経費を用いて最大の効果を発揮することを狙いとしており，内部統制手段としての機能である。第6は，国民経済を計画的に運営するための経済政策的機能である。

予算原則

予算原則とは，予算の機能を遂行するため，予算を編成する際に依拠すべき原則である。予算原則には，完全性，排他性，単一性，限定性，正確性，単年性，公開性，明瞭性，事前議決の原則などがある。こうした原則は，国民による行財政の監視，統制を中心としたものであり，古典的予算原則とも呼ばれる。

完全性の原則とは，総計予算主義の原則である。わが国では，財政法第14条に「歳入歳出は，すべて，これを予算に編入しなければならない。」と規定されており，収入と支出の差額のみを計上する純計予算主義は認められていない。排他性の原則とは，予算以外で財政措置をしてはならないとする原則のことである。

単一性の原則とは，収入と支出を単一の予算に計上することを求める原則であり，特定の収入と特定の支出を結びつけることを禁止するノン・アフェクタシオンの原則の基礎となっている。限定性の原則とは，国会で議決された予算に財政運営が制約されるとする原則であり，複数年度間の収入と支出の融通，費目間の収入と支出の融通，支出額の超過を禁じている。正確性の原則とは，予算に計上する収入と支出の見積額が正確であることを求める原則である。単年性の原則とは，会計年度ごとに予算を作成し，その年度の支出は当該年度の収入で賄うべきであるとする原則である。これらの原則は制度内部の経過規定に関するものである。

公開性の原則と明瞭性の原則は，国民との関係に関する原則である。公開性の原則とは，予算に関する情報は国会のみならず国民に対しても公開すべきことを求める原則である。明瞭性の原則とは，予算は金額を開示するだけではなく，予算内容を目的別や機関別などに分類して，明確な形で示すことを求めるものであり，公開性の原則を補完するものである。

その他に重要なものとしては，事前議決の原則がある。予算は当該会計年度が開始する前に，国会の議決を得なければならないとするものである。事前議決の原則は，予算の本質にかかわるものであり，財政民主主義を具体化した原則である。

このように多くの予算原則があるが，現実の予算制度はこうした原則をすべて満たしているわけではない。例えば，わが国の予算制度では，行財政運営を円滑に進めるために，単一性の原則の例外である特別会計予算と政府関係機関予算を設けており，あるいは，限定性の原則の例外である継続費，繰越明許費，国庫債務負担行為などを認めている。

2 予算制度

財政活動は国民福祉の維持向上を目的とするものであり，国民の意思に基づいて遂行されなければならない。つまり，政府が予算政策を実施する際は，国民の代表で構成される国会における議決が必要となる。こうした考え方を財政民主主義と呼ぶが，財政民主主義は憲法，財政法などの各種法律に基づく制度の下で予算政策が実施されることにより保証されている。以下では，会計年度，予算の内容，予算の種類，予算過程，予算の純計について解説する。

会計年度

日本国憲法第86条では，内閣は毎会計年度の予算を作成し，国会に提出して審議される旨が規定されている。予算は一定期間の収入と支出の予定計画表であるが，この執行期間を会計年度と呼ぶ。日本の会計年度は，4月1日から翌

年の3月31日までである。会計年度は国によって異なっており、ドイツ、フランス、中国では暦年である。また、米国は10月1日から翌年9月30日までであり、終了年をもって年度名としている。

予算の内容

憲法第73条の規定により、内閣は予算を作成して国会に提出しなくてはならない。国会に提出される予算の内容は財政法第16条の規定により、予算総則、歳入歳出予算、継続費、繰越明許費、及び国庫債務負担行為の5つから構成される。

予算総則には、歳入歳出予算、継続費、繰越明許費及び国庫債務負担行為に関する総括的規定を設けるほか、公債又は借入金の限度額、公共事業費の範囲、財務省証券の発行及び一時借入金の借入の最高額、国庫債務負担行為の限度額、予算の執行に関し必要な事項などが示されている。

歳入歳出予算は予算の本体であり、通常、予算という場合はこの歳入歳出予算を指す。歳入予算は一会計年度における国のすべての収入の見積もりであり、歳出予算は、一会計年度におけるすべての支出の見積もりである。ただし、歳入予算は、名目経済成長率の推計などをベースとするため、見積りの色彩が強く、実際の収入額は歳入予算に比べて増減する。これに対し、歳出予算は拘束力を有し、歳出予算を超える支出は認められず、政府が支出できる予算額の上限を示している。

予算は、会計年度ごとに成立させる単年度主義が原則であるが、完成まで数年度にわたる事業がある。この場合、経費の総額と年割額を定め、予め国会の議決を経て数年度にわたる支出が認められる。これが継続費である。ただし、対象経費は工事、製造その他の事業に限定され、年限も5カ年度以内となっている。現在、防衛省の警備艦及び潜水艦の建造にのみ用いられている。

繰越明許費は、経費の性質や事情により支出が年度内に終了する見込みのない経費について、予め国会の議決を経て、翌年度に繰越して使用できるものである。例えば、公共事業や行政関連のシステム開発費などで、年度内で執行が

完了せず繰越明許費の対象となる場合がある。

　国が契約などによって債務を負担する場合，国庫債務負担行為として予め国会の議決を経る必要がある。国庫債務負担行為は，事項ごとにその必要な理由を明らかにし，債務負担行為をなす年度及び債務負担の限度額を明らかにしなければならない。また，必要に応じて債務負担行為に基づいて支出をなすべき年度，年限又は年割額を示さなければならない。例えば，工事請負契約のように国が発注した当該年度以降に支出が発生する場合がある。国庫債務負担行為は，当該年度の支出を必ずしも必要としないこと，また年割額を定める必要がないこと，対象経費は特に限定がないことが継続費と異なっており，経費支出の弾力的な対応が可能となる。

予算の種類

　予算は，政府活動及び成立時期により分類される。政府活動に基づくと，予算は，一般会計予算，特別会計予算及び政府関係機関予算に分類される。

　まず，一般会計予算は，所得税，法人税，消費税といった租税や公債発行による収入などの財源を収納し，社会保障や公共事業，文教及び科学振興，防衛といった基本的な公共サービスを供給する会計である。通常，予算という場合，一般会計予算を指している。

　次に，特別会計は，特定の事業を行う場合や，特定の資金を保有してその運用を行う場合，その他特定の歳入をもって特定の歳出に充て，一般の歳入歳出と区分して経理する必要がある場合に設置される。特別会計の設置は，政府のすべての収入と支出を単一の予算に計上すべきという単一性の原則の例外となる。予算の規模が増大し，その内容が複雑化する中で，単一の会計だけではなく個別に会計を設け，受益と負担の関係も考慮することにより財政を効率的に運営することが可能となる。しかしながら，近年では，予算全体の仕組みを複雑にし，固有の財源により不要不急の事業が行われているとの問題が浮かび上がり，徐々に統廃合が進められてきた。

　特別会計は1967年度には45会計が存在していたが，2017年度現在で13会計と

なっている。これらは，国民の老後の生活を支える年金特別会計，為替の安定を図るための外国為替特別会計，地方公共団体への財源保障と財源調整を図る交付税及び譲与税特別会計，国債の元利償還を管理する国債整理基金特別会計，東日本大震災に対応するための復興特別会計などである。

　最後に，政府関係機関予算とは，全額政府出資の特殊法人であり，その予算及び決算について国会の議決を受けるべき機関の予算である。政府関係機関は，国民生活の向上，沖縄県の振興，開発途上地域の発展のために資金を供給している。政府関係機関は7機関であったが，2006年に成立した「簡素で効率的な政府を実現するための行政改革の推進に関する法律」(行政改革法)により廃止や統合，民営化が進んだ。2017年度では，日本政策金融公庫，沖縄振興開発金融公庫，国際協力銀行，独立行政法人国際協力機構有償協力部門の4機関が該当する。

　予算の成立時期に基づくと，予算は，本予算(当初予算)，暫定予算，及び補正予算に分類される。当該会計年度前に成立する予算が当初予算であり，通常，本予算と呼ばれる。

　当初予算がなんらかの事由で議会の承認を経ることができない場合には，暫定的に予算を設けることが認められている。これが暫定予算である。当該年度の本予算が成立した際には暫定予算は失効し本予算に吸収される。暫定予算に基づく支出は本予算に基づいて行われたものとみなされる。

　自然災害や経済情勢の変化などにより，会計年度開始後に，本予算における予備費などで対処できない事由が生じた場合には，本予算の内容の変更，または追加を行うことが認められている。これが補正予算である。補正予算は1会計年度に2回以上組まれることもある。2011年度には，東日本大震災に対応するため，補正予算が4回組まれた。なお，本予算に補正予算を加えたものを補正後予算と呼んでいるが，当初予算と全補正予算を合わせた金額が当該年度の最終的な予算となる。

予算の純計

　国の予算は，一般会計予算，特別会計予算及び政府関係機関予算の3つの予

算を総括したものである。これらの予算は単純に並立しているわけではなく、相互に財源の繰り入れを行っている。表2－1は国の3会計の重複分を差し引いた予算の総計、すなわち、純計を求めたものである。

表2－1　国の予算の純計額（平成29年度）
（単位：兆円）

歳　入		歳　出
97.5	一般会計予算総額(A)	97.5
395.7	特別会計予算総額(B)	393.4
493.1	(C)=(A)+(B)	490.9
1.6	政府関係機関予算総額(D)	1.8
494.7	(E)=(C)+(D)	492.7
253.1	うち重複額等(F)	250.6
241.6	純計額(G)=(E)－(F)	242.1

（出所）宇波弘貴編著『図説日本の財政』（平成29年度版）東洋経済新報社、2017年、70頁。

2017年度の歳出予算額は、一般会計97.5兆円と特別会計393.4兆円の合計が490.9兆円であり、これに政府関係機関予算1.8兆円を加えた単純合計は492.7兆円である。この単純合計から重複額250.6兆円を差し引くと242.1兆円の純計額が算出される。これから、一般会計予算、特別会計予算及び政府関係機関予算の3会計間の関係が密接で、会計相互の繰り入れが多いことが分かる。したがって、単純合計額に比べて、純計額は約2分の1であり、かなり小さくなっている。

図2－1は、2017年度における一般会計と特別会計の主要経費別純計を示したものである。一般会計と特別会計の純計額は240.5兆円に上り、その内訳は、年金、医療、介護、子ども・子育て、生活保護などの社会保障関係費88.3兆円（純計額の36.7％）、国の借金の返済や利払いの国債費90.3兆円（37.5％）、地方公共団体間の財政力格差是正などのための地方交付税交付金等19.3兆円（8.0％）、国が貸付を行う原資の財政投融資12.6兆円（5.2％）、その他29.9兆円（12.4％）である。社会保障関係費と国債費の両者で純計歳出額の4分の3を占めている。

その他の経費は、公共事業関係費6.9兆円、文教及び科学振興費5.4兆円、防衛関係費5.1兆円、食料安定供給費1.7兆円、エネルギー対策費1.2兆円、予備費1.0兆円などである。将来の経済基盤の強化に資する経費に財源を傾斜的に配分することが望ましい。

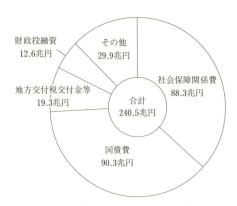

図2-1 一般会計と特別会計の主要経費別純計
(注) 国債費は，国債整理基金特別会計における借換債償還額控除後の額。
(出所) 宇波弘貴編著『図説日本の財政』(平成29年度版) 東洋経済新報社, 2017年, 70頁。

予算過程

　予算は編成，審議，執行，決算という4段階がある。これを予算過程という (表2-2参照)。また予算は，編成・審議が前年度に行われ，当該年度に予算が執行され，次年度において決算が行われることから，概ね3年を巡ることになる。このような一連の予算の流れを予算循環ともいう。
　第1に，予算の編成である。わが国において，予算を編成し，国会に提出できるのは内閣だけである。内閣では財務大臣が予算編成に関する事務を統括し，予算編成は財務省の主導で行われる。
　まず，予算編成の基本方針などが内閣により提示される。各府省による概算要求である。各府省は翌年度の予算に関する資料を8月末に財務省に提出する。この概算要求には，概算要求基準として上限（シーリング）を設けることが慣例となっている。
　財務省が各府省からの概算要求を査定及び調整し，財務省原案を作成して各府省に内示する。これに不服がある府省は財務省に復活要求書を提出し，復活折衝に入る。その後，財務大臣により財務省の最終案が内閣に提出され，予算の概算が決定される。これに基づいて12月下旬に政府予算案が閣議決定される。

表2-2 予算過程

	期　日	内　容
編　成	前年度7月下旬～8月上旬頃 前年度8月末 前年度12月下旬頃	内閣が概算要求基準を提示 各府省が財務省へ概算要求を提出 財務省原案内示と復活折衝 政府予算案の閣議決定
審　議	前年度1月頃 前年度1月～3月末	政府予算案を国会へ提出 国会審議，議決
執　行	当該会計年度4月1日～翌年3月31日	各府省による予算の執行
決　算	翌年度7月末 翌年度9月上旬頃 翌年度11月中旬頃～3月末	各府省が歳入歳出決算報告書を財務省へ送付 会計検査院へ送付 内閣から国会へ提出・決算審議

（出所）　参議院決算委員会提出資料。

　内閣は，毎会計年度の予算を前年度の1月中に国会に提出するのを常例とする，と財政法第27条に謳われている。

　第2に，国会における予算の審議である。閣議決定された政府予算案は衆議院の予算先議権に基づき，まず衆議院に提出される。衆議院では本会議において財務大臣が予算関連の説明（財政演説）を行った後，予算は予算委員会に付託され実質的に審議される。予算委員会で採決されると，予算は本会議に提出され審議，議決される。その後，予算は参議院に送付され，同様な手続きで審議される。参議院が衆議院と異なる議決をしたときは，両院協議会を開催し意見の一致が得られない場合，衆議院の議決が国会の議決となる。また，参議院が予算を受け取ってから30日以内に議決しないときは，衆議院の議決が国会の議決とみなされ，予算は自然成立となる。

　第3に，予算の執行である。歳出予算の執行は，支出の原因である契約の段階（支出負担行為）と小切手の振出しなど現金の支払い段階（支出計画）の2段階で行われる。各府省の長は，公共事業を含むすべての支出について支払い計画を作成し，財務大臣の承認を得なければならない。支払計画は日本銀行に通知され，日本銀行宛の小切手の振り出しによって各府省へ予算が配分され執行される。このような手続きは，公金支払いの透明性を確保し，不正を発生させ

ないためである。一方，歳入予算の執行とは，税法等の関連法が施行され，租税が収納されることである。

第4に，決算とは，予算の執行結果を会計年度毎に整理したものである。予算の執行が終わると，各府省の長は執行の結果を決算報告書として財務大臣に提出しなければならない。財務大臣はこれに基づき決算書を作成し，閣議決定を経て，会計検査院に送られる。会計検査院の検査を終えると，日本国憲法第90条の規定により，内閣は決算を国会に提出し審議される。ただし，決算審議はすでに執行された予算の審議であることから，議決は行われず承認されるにすぎない。決算に関して承認が得られない場合においても，予算執行の効力が無効になるわけではない。

決算の結果，多くの年度で，一般会計歳入額が歳出額を上回り，歳計剰余金が生じる。毎会計年度において，歳入歳出の決算上剰余が生じたときは，これをその翌年度の歳入に繰り入れられる旨が，財政法第41条に規定されている。歳出予算の繰越額等を控除した純剰余金については，その2分の1を下回らない金額を当該剰余金が生じた年度の翌々年度までに公債の償還財源に充てることが財政法に規定されている。

なお，会計年度は4月1日から翌年3月31日までの1年間であるが，年度末に発生した歳入歳出については，翌年度の5月31日まで収支を整理する出納整理期間が設けられている。

3　財政投融資

財政投融資とは，国債の一種である財投債の発行などにより調達した資金を財源とした，国による融資，出資活動である。財政投融資は，民間では対応が困難な分野に融資や出資を行うことにより，一般会計予算とともに，円滑なマネー・フローの促進，需要や雇用の創出などに貢献している。

政府による資金供給は，主に租税を財源として返済義務を課さずに資金を供与する無償資金と，融資や投資といった，元本の償還，利子や配当など将来の

リターンを前提に資金を供与する有償資金に大別できる。財政投融資資金が租税と異なるのは，このように有償資金であるという点である。また，財政投融資の資金は，強制的に徴収するのではなく市場において資金を調達する点が租税と異なる。

　財政投融資の資金は有償資金であるため，所得再分配機能はなく，資源配分機能と経済安定化機能を有している。財投機関は，財政投融資資金を用いて各種の財・サービスを供給することで資源配分を調整する機能を果たしている。また，経済情勢の変化に対応して必要な資金供給を行うことにより，急激な経済の変動を緩和するという機能を担っている。

　財政投融資制度は，2001年度に抜本的な改革が行われた。それまでの郵便貯金や年金積立金などを活用した財政投融資は，国内の貯蓄を社会資本の整備などに効率的に活用する制度として，わが国の経済発展に貢献してきた。しかし，政策的に必要とされる資金需要とは関係なく郵便貯金や年金積立金から資金運用部への預託により原資が集まることで財政投融資が肥大化し，効率的な運用が行われていないとの批判も高まっていた。

　こうしたことを背景として，2001年度に郵便貯金・年金積立金の資金運用部への預託義務が廃止され，全額自主運用（原則市場運用）とする仕組みに改められた。原資は財投債の発行により市場から調達されることになり，資金需要に応じた効率的な資金調達が可能となった。財投債とは，財政投融資特別会計が発行する国債のことである。また，財投機関は，財投機関債の発行により市場で自主調達することになった。財投機関債とは，独立行政法人等の財投機関が，民間の金融市場で発行する公募債券である。これにより，財投機関は市場の評価を受けることになり，また財投機関の運営を効率化するインセンティブが高まり，民業補完という観点から事業を見直すことになる。

　さて，財政投融資の仕組みを見ていこう。図2－2に示すように，財政投融資の資金供給の区分として，財政融資，政府保証，産業投資がある。

　財政融資とは，財投債の発行により調達した資金や，特別会計から預託された積立金などにより，特別会計や地方公共団体，政府関係機関，独立行政法人

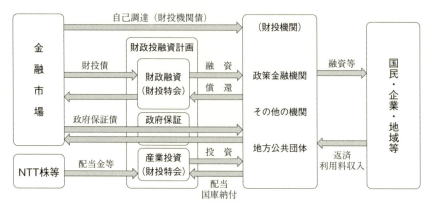

図 2-2 財政投融資の仕組み
(出所) 財務省『財政投融資リポート』。

などに長期，低利の融資を行う。財政融資は，確実かつ有利に行うことが求められ，資金の安全性や公共性の確保を図るために，国の特別会計や地方公共団体，政府関係機関への融資に限定されている。

政府保証とは，政府関係機関，独立行政法人などが金融市場で発行する債券や借入金を対象に，政府が元利払いに対して行う保証である。国が政策目的を遂行するために，政府の債務保証による信用供与である。

産業投資とは，国際協力銀行の国庫納付金や財政投融資特別会計の日本電信電話（NTT）株，日本たばこ産業（JT）株の配当金などを原資として，産業の開発や貿易の振興のための投資に支出される。産業投資は，政策的に必要性があり，高い収益が期待できるものの，リスクが高く民間だけでは十分に資金が供給されない事業に対して資金を供給している。

財政投融資については，財政融資，政府保証，産業投資のそれぞれの予定額を財投機関ごとに計上した財政投融資計画が策定される。財政投融資計画の使途は，住宅，生活環境整備，厚生福祉，文教，中小企業，道路，運輸通信，地域開発，貿易，経済協力など多岐に及んでいる。主な施策として，アジア地域の港湾，空港，交通といった膨大なインフラ需要に応えるため，国際協力銀行，海外交通・都市開発事業支援機構，独立行政法人国際協力機構（JICA）を通じ

た投融資がある。また，地域活性化支援として，日本政策金融公庫を通じた地域の中小企業に対する事業支援や日本学生支援機構を通じた奨学金の貸与などがある。さらに，地方公共団体の地方債を通じた資金調達を支援するなどである。

財政投融資計画額をフローで見ると，財投改革以前は40兆円前後とその規模も大きかったが徐々に縮小している。2008年のリーマンショックによる経済・金融危機や2011年の東日本大震災といった社会経済情勢を反映した資金需要に対応するため一時的にフローの計画額が増加する場合があったものの，近年では15兆円以下に減少している。またストックで見た財政投融資計画残高は，2000年度の418兆円から，2017年度には2000年度の約36.1％の151兆円に激減している。

4　予算制度改革

政府部門の財政赤字が拡大し，予算規模の抑制や予算の効率的執行のために，予算制度改革が提案される場合が多い。近年の予算制度改革は，予算編成方式や企業会計方式の導入が中心となっている。

予算編成方式

予算は，公共サービスの内容やコストを明示し，事業の効果を検討することで，政策評価に結びつけることが要請される。

こうした考え方の先鞭は，1960年代初頭，米国連邦政府予算に初めて導入されたPPBS（Planning Programming Budgeting System）とよばれる予算編成方法である。これは，長期計画と実施計画を関連づけ，事業別に業績目標と費用を対比させ，費用・便益分析により最適な事業を選択しようとするものである。PPBSは1961年に国防予算に採用され，1965年度に全省庁で導入された。しかし，費用・便益分析の計量化の困難性や行政目的別の区分を事業目的に区分する事務的な煩雑さもあり，PPBSは制度として定着するには至らず，1971年に

廃止された。米国の予算改革として目立った成果を上げられなかった PPBS であるが，その後の米国での予算改革の基本的な考え方として，大きな影響を与えた。増分主義的な予算編成に対し，PPBS は計画中心主義の予算編成を提唱した点に意義がある。

また，膨張する政府支出の効率化のための有力なものとしては，ゼロベース予算（Zero Base Budgeting：ZBB）の考え方がある。ZBB は，会計年度毎にすべての事業計画に対して，その費用を白紙の状態から予算編成する方法であり，実施計画作成までの過程を積上方式として行うものである。ZBB は，費用便益分析，年度ごとの予算を再検討するローリング方式，すべての事業計画に継続年限を設け必要性が認められた事業のみ継続するサンセット方式などを組み合わせることにより，その有効性を高めることが可能である。こうした PPBS や ZBB の考え方は，現在でも，効率的な予算制度を考える際に，重要な示唆を与えてくれる。

わが国では，増分主義的傾向の強い予算編成の下で，予算全体の規模を一定の基準に抑え，予算膨張を抑えようとするシーリング方式が当初予算で採用されている。財政構造の悪化を食い止め，将来世代への負担の先送りを回避し，国民経済の活力を回復するためには，内閣による予算編成のあり方のみならず，国会の意思決定も含めて，たえず予算制度を点検する必要がある。

企業会計方式の導入

企業会計原理を国の予算に適用しようとする改革は，1930年代にデンマークなどで行われた。これは，予算を通常予算と資本予算に区分し，政策的経費と投資的経費を明確にし，資産管理や債務処理計画に役立てようとする複式予算であった。

わが国でも，財政赤字が拡大し，公債の累増に歯止めがきかない背景もあり，また財政状況を示す十分な情報が欠けているとの指摘を受けて，近年，企業会計原理を取り入れた国及び地方公共団体の財務情報の開示に取り組んできている。こうした取り組みは，公会計改革と呼ばれるものであり，現金主義で単式

簿記という特徴をもつ従来の官庁会計方式を，発生主義で複式簿記という特徴をもつ企業会計方式へ変更することにより，民間企業でみられるような貸借対照表や損益計算書等の財務諸表を作成し，政府が保有する資産や負債の内容を明示するものである。2004年から，貸借対照表や損益計算書といった財務情報が「国の財務書類」として作成され，参考として提示する形をとっている。公会計については，公共サービスの財源や費用の内容を明らかにし，財務書類情報を予算の編成に活かすことや財政規律の向上に結び付けることが重要になる。

参考文献
大川政三・池田浩太郎編『新財政論』有斐閣，1986年。
宇波弘貴編著『図説日本の財政』(平成29年度版) 東洋経済新報社，2017年。
財務省主計局『平成26年度国の財務書類のポイント (要旨)』2016年。
畑農鋭矢・林正義・吉田浩『財政学をつかむ』(新版) 有斐閣，2015年。
林宜嗣『財政学』(第3版) 新世社，2012年。
望月正光・篠原正博・栗林隆・半谷俊彦編著『財政学』(第4版) 創成社，2015年。

練習問題
問題1
単一性の原則について説明し，その例外について説明しなさい。

問題2
予算過程について説明しなさい。

問題3
財政投融資制度について説明しなさい。

(稲田圭祐)

第3章

国家財政の実情

本章のねらい

　本章では，主として国家財政の歳入・歳出構造について理解することを目的とする。1990年代半ば以降，国民経済の低迷や人口の急激な高齢化に伴い，わが国の財政構造は弾力性が著しく低下したが，2010年代に入り小康状態を保っている。

　まず，歳出構造について，一般会計歳出の実情を主要経費別分類に基づいて解説する。具体的には，2018年度一般会計歳出予算を主要経費別に解説したのち，1990年度以降の動向とその特徴を明らかにする。次に，歳入構造について，租税収入と公債金収入の実情及び長期的趨勢について解説する。その後に，財政状況を示す指標として用いられているプライマリー・バランスについて紹介し，最後に国民負担率について，国際比較を行いつつ解説する。

1　歳出構造

　本節では，財政需要を反映する歳出の実情について解説する。一般会計歳出の分類方法には，重点政策への財源配分を示す主要経費別分類，各府省別に分類する所管別分類などがあるが，本節では重点政策に配分される財源を最も端的に示す主要経費別分類に基づいて，一般会計歳出をみることにする。

歳出構造

　一般会計歳出を主要経費別に示したのが表3-1である。2018年度当初予算の歳出総額は97.7兆円で，その内訳は，社会保障関係費33.0兆円（歳出総額の

表 3-1 歳出構造

(単位：億円，％)

	1990年度		2000年度		2010年度		2018年度	
	金 額	構成比	金 額	構成比	金 額	構成比	金 額	構成比
社会保障関係費	114,806	16.6	176,364	19.7	282,489	29.6	329,732	33.7
国債費	143,142	20.7	214,461	24.0	195,439	20.5	233,020	23.8
地方交付税交付金等	159,308	23.0	158,289	17.7	187,903	19.7	155,150	15.9
文教及び科学振興費	54,100	7.8	68,717	7.7	60,513	6.3	53,646	5.5
公共事業関係費	69,557	10.0	119,096	13.3	58,027	6.1	59,789	6.1
防衛関係費	42,530	6.1	49,066	5.5	46,696	4.9	51,911	5.3
その他経費	109,244	15.8	107,217	12.0	122,056	12.9	93,879	9.6
歳出総額	692,687	100.0	893,210	100.0	953,123	100.0	977,127	100.0

(注) 1990年度，2000年度及び2010年度は決算，2018年度は当初予算。
(出所) 財務省ホームページ。

33.7％），国債費23.3兆円（23.8％），地方交付税交付金等15.5兆円（15.9％），文教及び科学振興費5.4兆円（5.5％），公共事業関係費6.0兆円（6.1％），防衛関係費5.2兆円（5.3％），その他経費9.4兆円（9.6％）である。その他の経費は，食料安定供給，エネルギー対策，経済協力，恩給，中小企業対策，予備費などである。

　2018年度の対1990年度増加率をみると，歳出総額は1.41倍に増加している。これは30年弱という期間からみると，極めて低い伸び率である。歳出側における引き締めの結果でもあるが，歳入側における要因が大きい。国民経済の低迷による租税収入の減少傾向である。租税収入は2018年度に，ようやく1990年度の水準に回復しているのである。無論，租税収入は名目経済成長率と租税制度の関数であるが，両者とも収入増には寄与してこなかったといえる。

　これらの経費科目で，歳出総額の増加率を上回ったのは，社会保障関係費2.87倍，国債費1.63倍，防衛関係費1.22倍の3歳出科目である。逆に下回ったのは，地方交付税交付金等0.97倍，文教及び科学振興費0.99倍，公共事業関係費0.86倍，その他経費0.86倍であり，これらの経費は1990年度に比べて金額が減少したのである。

　次に，1990年度から2018年度における構成比の変化をみると，社会保障関係費17.1ポイント増，国債費3.1ポイント増，地方交付税交付金等7.1ポイント減，

文教及び科学振興費2.3ポイント減，公共事業関係費3.9ポイント減，防衛関係費0.8ポイント減，その他経費6.2ポイント減である。

このように30年近くにわたり歳出規模に大きな変化はなく，歳出科目をみると人口の高齢化に伴う社会保障関係費の金額及び歳出構成比の増嵩が際立っていることがわかる。国債費の金額は大幅に増加し，歳出総額に占める割合は高止まりしている。歳出総額から国債費と地方交付税交付金等を差し引いた一般歳出は，金額及び歳出構成比とも減少傾向にあり，また，義務的経費ともいえる社会保障関係費，国債費，地方交付税交付金等の3経費の歳出総額に占める割合は，近年，約7割を占め，それ以外の文教及び科学振興費，公共事業関係費，防衛関係費などの経費の割合は低下傾向にある。したがって，歳出構造の弾力性を回復させ，国民経済の活性化に資する後者の分野に財源をいかに配分するかが課題である。以下，各歳出科目について，その実情を解説する。

社会保障関係費

社会保障関係費とは，国民の生活を保障する社会保障に関連する歳出のことである。国の一般会計における社会保障関係費は，社会保険費，少子化対策費，生活扶助等社会福祉費，少子化対策費，保健衛生対策費，雇用労働対策費に分類される。

2018年度当初予算における社会保障関係費は32兆9,732億円に達し，毎年度，最高額を更新している。また，一般会計歳出に占める割合は33.7％であり，1990年度に比べて金額の増加，及び歳出構成比の上昇とも極めて大きくなっている。2018年度における社会保障関係費の内訳をみると，年金給付費35.4％，医療給付費35.2％，生活扶助等社会福祉費12.3％，介護給付費9.4％，少子化対策費6.5％，保健衛生対策費1.1％などであり，人口の高齢化に伴う経費である年金給付費，医療給付費及び介護給付費の社会保険費で8割を占めている。2018年度の社会保険費は26兆3,885億円で，1990年度の7兆2,046億円の3.66倍に増加し，社会保障関係費の増加率2.87倍を大きく上回っている。

わが国の社会保障制度は，医療保険，年金保険，介護保険，雇用保険という

ように社会保険を基盤としつつ，保険料負担とは別に公費負担にも相当程度依存している。また，生活扶助や生活保護などは，そもそも公費を財源としている。公費は基本的に租税から構成されるが，現在のわが国の歳入状況を考慮した場合，公費負担の少なくない割合は特例公債によって賄われているといえる。これは，将来世代へ負担を先送りすることで，現行制度を維持していることを示唆している。

国債費

　国債費とは，過去に発行した国債の元利払いなどのために支出される経費のことである。国債費は，大きく分けて債務償還費，利子及割引料，国債事務取扱費から構成されている。債務償還費は公債金償還と借入金償還から構成され，利子及割引料は公債利子等，借入金利子，財務省証券利子から構成され，国債事務取扱費とは国債の事務処理に必要な手数料及び事務費のことである。

　2018年度における国債費は23兆3,020億円で歳出総額の23.8％を占めている。その内訳をみると，債務償還費14兆2,745億円（国債費の61.3％），利払い費8兆9,978億円（38.6％）であり，事務取扱費296億円（0.1％）である。

　一般会計歳出総額に占める利払い費の割合は，1986～2000年度は10％台で推移し，2001年度以降低下し2006年度には7.0％になり，その後上昇傾向にあり，2018年度は9.2％である。こうした傾向の背景にあるのが1980年代以降の金利が低下傾向で推移しているからである。国債金利は，1980年代から7％台で推移したが，2003年度以降1％台になり，2018年度は0.1％である。

　国債金利の上昇は，利払い費の増加や，クラウディングアウトなどを引き起こす可能性がある。さらに，国民経済や地方財政にも悪影響を及ぼしかねないことや，金融システムの不安定化を招来する懸念もある。

　国債を償還するとき，一般会計から国債整理基金特別会計に繰り入れ，この特別会計から償還を行っている。こうした繰り入れには，次の3つがある。

　定率繰り入れは，いわゆる「60年償還ルール」に従い，前年度期首における国債残高の1.6％に相当する金額を繰り入れなければならない，という特別会

計法第42条第2項に基づく繰入である。60年償還ルールとは，建設国債発行の対象となる資産の平均耐用年数を60年とみなし，その期間内に全額償還するという考え方に基づき規定されたものである。予算繰入は，国債の円滑且つ確実な償還を行うために必要があると認める場合に，予算で定める金額を繰り入れる，という特別会計法第42条第5項に基づく繰入である。そして，剰余金繰入とは，一般会計の決算で剰余金が発生した場合は，その2分の1を下らない金額を繰り入れるよう定めた，財政法第6条第1項に基づく繰入である。

地方交付税交付金等

地方自治という観点からみれば，地方公共団体の供給する公共サービスの財源は，地方公共団体がその権限に基づいて徴収する地方税を中心とする収入で賄うことが望ましい。

しかしながら，わが国には都道府県と市町村あわせて1,765（2017年3月31日現在）の地方公共団体があり，地域経済などの違いにより地方公共団体間には財源調達能力に格差がある。また，地理的，社会的条件等の相違から，それぞれの地方公共団体における財政需要も異なる。

そこで，税負担における公平性の確保や一定の行政水準（ナショナル・ミニマム）の維持といった観点から，国による何らかの財源調整が必要となる。この役割を担ってきているのが地方交付税である。地方交付税は，地方公共団体間における財政力格差の是正，地方財源の保障，及び地方相互間の財源過不足の調整という3つの機能を有している。

地方交付税の総額は，地方財政計画における地方財政全体の標準的な歳入・歳出の見積もりに基づきマクロベースで決定される。地方財政計画において，すべての地方公共団体の歳出歳入を推計し，歳出歳入ギャップを見積もり，財源が不足する場合，そのギャップを補填するため，法定率分に一般会計からの特別加算等により増額され地方交付税の総額が決定される。

近年では，地方交付税による財源補填と共に，地方特例交付金が交付されている。地方特例交付金は，2008年度から，国税の所得税で控除しきれない住宅

ローン減税額を住民税から控除することによる地方公共団体の減収を補填するために交付されている。2018年度における地方交付税は15兆3,606億円，地方特例交付金は1,544億円計上されており，両者で15兆5,150億円である。

地方交付税は，地方税の代替財源としての性格を有するため，地方税収の増減に応じて変動する傾向にある。因みに，2010年代に入り地方税収入が増加傾向にあるため，地方交付税は減少傾向で推移している。

公共事業関係費

公共事業費とは，道路，港湾，ダム，橋などといった社会資本の整備を行う費用のことである。社会資本は，民間部門における経済活動が円滑に進めるために造られる基盤施設のことであり，家計や企業の経済活動に外部経済効果をもたらすことを主な目的としている。社会資本は，次の3つに大別できる。道路や港湾，空港等の生産機能を高める基盤施設，住宅や上下水道，公園などの国民の生活機能を高める基盤施設，そして治山・治水などの国土保全機能を高める基盤施設である。

公共事業は，事業主体別に国直轄事業，補助事業，地方単独事業及びその他に分けられるが，国の一般会計予算における公共事業関係費は国の直轄事業と地方自治体が行う公共事業に対して補助金を支出する補助事業を指している。

公共事業の効果については，短期と長期に分けて考えることができる。短期的には財政支出による有効需要や雇用を創出するというフロー効果があり，長期的には，上で述べたような社会資本を整備するというストック効果がある。

公共事業関係費は1998年度の13兆342億円がピークであったが，1990年代半ばから2000年代初頭にかけて，公共事業による景気回復に向けた取り組みが積極的に進められた。その後，公共事業関係費は減少傾向で推移し，2018年度における公共事業関係費は5兆9,789億円と大幅に減少しており，一般会計歳出総額に占める割合は6.1％で1998年度の約2分の1に低下している。累増する国債残高への懸念もあり，公共事業関係費は2000年代半ば以降抑制されてきたのである。

文教及び科学振興費

　文教及び科学振興費は，教育や科学技術に関する経費で文部科学省所管の予算であり，文教関係費と科学技術振興費に分類される。

　多くの私立学校が存在している状況からもわかるように，教育は基本的には私的財である。しかし，義務教育は政府によって授業料と教科書代は無償で提供されており，さらに，2010年度からは公立・私立問わず高等学校の授業料も国が支援する制度が導入された。このように，教育が政府部門によって供給されているのは，教育が正の外部性をもつからである。

　また，教育は価値財（merit goods）というマスグレイブによって提唱された概念でも説明することができる。価値財とは私的財としても供給できるが，消費者選好に委ねる限り，情報不足や市場メカニズムの欠陥から十分に供給されないため，公的介入を必要とする財である。

　こうした教育にかかる経費だけでなく，将来にわたる持続的な研究開発，基礎研究，人材育成など科学技術の振興を図るための経費を含めて，文教及び科学振興費として区分されている。

　2018年度における文教及び科学振興費は5兆3,646億円で，一般会計歳出総額に占める割合は5.5％である。その内訳は文教関係費が4兆488億円（75.5％），科学技術振興費が1兆3,159億円（24.5％）となっている。文教関係費の内訳をみると，義務教育費の補助金である義務教育費国庫負担金が1兆5,228億円，国立大学法人運営費交付金等が1兆971億円，私学助成が4,277億円，高等学校無償化が3,846億円となっている。

　ところで，教育機関への公財政支出の対GDP比をみると，2011年において日本3.8％でOECD平均5.3％を下回っており，わが国の教育への支出は低い水準にある。しかしながら，国際比較を行うには，少子化の進展による人口に占める子どもの割合などに留意する必要がある。

防衛関係費

　防衛サービスは，社会的に必要でありながら市場では供給されない，純粋公

共財の数少ない例の一つである。わが国では，1950年に警察予備隊，1952年に保安隊，1954年に自衛隊の創設という経緯で防衛力の整備がなされてきた。こうした国防サービスにかかる費用は，防衛関係費として計上されている。

　防衛関係費は1976年に三木武夫内閣よって国民総生産（GNP）の１％を超えないとの閣議決定により枠がはめられた。1980年代に入り経常収支の不均衡が拡大するなかで米国との貿易摩擦が激しくなり，それに伴い米国から防衛力の増強を求める要求が高まった。米国からの武器購入の圧力などを受けて中曽根康弘内閣は１％枠を撤廃し，1987年度予算編成から長期計画により総額を明示するという総額明示方式に変更された。

　2018年度当初予算における防衛関係費は５兆1,911億円で，一般会計歳出総額に占める割合は5.3％である。防衛関係費総額は減少傾向で推移していたが，2013年度以降，漸増傾向にある。2018年度における防衛関係費の内訳をみると，隊員の給与や食事のための人件・糧食費２兆1,850億円（防衛関係費の44.2％），装備品の修理・整備，隊員の教育訓練，装備品の調達などの物件費２兆7,538億円（55.7％）である。物件費は，過去の年度の契約に基づき支払われる歳出化経費１兆7,590億円と，装備品の修理費や隊員の教育訓練費，油の購入費など一般物件費9,949億円に分けられる。消費的経費ともいえる人件・糧食費の割合が高いことが，わが国の防衛関係費の大きな特徴である。

　防衛関係費について国際的に厳密な定義が存在するわけではないが，わが国の防衛関係費の対GDP比は１％前後で推移しており，近隣諸国と比較してかなり低い水準にある。わが国の防衛費は近年増加傾向にあるものの，中国やロシア，インド，韓国などの驚異的な増加率に比較すると微増といえよう。

　このように，防衛関係費を低位に止めることができた要因として，日米安全保障条約の存在があげられるが，米国から防衛費の一層の増額が要請されている。わが国周辺の安全保障に関する状況などから，今後の防衛関係費のあり方が問われている。

その他経費

2018年度当初予算における「その他経費」は9兆3,879億円で，歳出総額の9.6％を占めている。金額の内訳は，食料安定供給関係費9,924億円，エネルギー対策費9,186億円，経済協力5,089億円，予備費3,500億円，恩給関係費2,504億円，中小企業対策1,771億円，その他の事項経費6兆1,904億円である。

一般歳出

国の一般会計歳出から国債費と地方交付税交付金等を除した歳出を一般歳出という。国債費は国債残高と公債利子等により決まり，地方公共団体への一般補助金である地方交付税交付金等の歳出規模は地方財政計画において決定される。これに対して，一般歳出を構成する社会保障関係費，公共事業関係費，文教及び科学振興費などは，各年度において政府の裁量で歳出規模や内容を決めることができる。このことから，一般歳出は政策的経費とも呼ばれている。

歳出構造がほぼ健全であったといえる1970年度における一般歳出の歳出総額に占める割合は75.4％であったが，1990年度には53.4％と22.0ポイントも低下している。他方で，国債費は3.7％から21.6％へと17.9ポイント上昇しており，国債費の膨張により一般歳出の相対的なウェイトが低下したとみて良い。1990年度以降，一般歳出は漸増傾向にあるものの，2018年度において約60％の水準である。歳出総額に占める社会保障関係費の割合の大幅な上昇と，公共事業関係費や，文教及び科学振興費など構成比の低下によるところが大きい。国債残高の累増とそれに伴う国債費の増大は，他の政策的な経費を圧迫するという財政の硬直化を生じさせているのである。

一般歳出の内訳をみてみよう。社会保障関係費の一般歳出に占める割合は1970年度には19.0％であったが，1986年度に初めて30％を超え，1990年度には32.8％となった。そして2000年代に入ると増加ペースはさらに加速し，2010年度には遂に50％を突破し，2018年度では56％に達した。人口の急激な高齢化に伴う社会保障関係費の増加傾向が国家財政を圧迫しているのである。2020年代に入るとベビーブーム世代が75歳以上となり，急激な支出の増加圧力が目前に

迫っている。年金支給額の抑制や年齢ではなく負担能力に応じた負担に改めるなど，社会保障の給付と負担のバランスをどのようにとるかが大きな課題といえよう。

2　歳入構造

　一般会計歳入は，租税及び印紙収入，公債金収入及びその他収入から構成されている。表3‐2は，歳入構造が健全であった1990年度，20世紀最終年の2000年度，歳入に占める公債金収入が48.0％とピークであった2010年度，そして2018年度当初予算について歳入の内訳を示したものである。

　2018年度の歳入総額は97兆7,128億円で，その内訳は租税及び印紙収入59兆790億円（歳入総額の60.5％），公債金収入33兆6,922億円（34.5％），その他収入4兆9,416億円（5.1％）である。

　まず，2018年度の対1990年度増加率をみると，歳入総額1.36倍，租税及び印紙収入0.98倍，公債金収入4.61倍，その他収入1.15倍となっている。歳入の根幹となるべき租税及び印紙収入の減少と公債金収入の高い増加率とが対照的である。

　次に，2018年度と1990年度の歳入構成比の変化をみると，2018年度は租税及び印紙収入23.3ポイント減，公債金収入24.3ポイント増，その他収入0.9ポイント減となっており，租税及び印紙収入の歳入比率の大幅な低下と，公債金収入の大幅な上昇とが対をなしている。

　このように，2018年度現在の歳入構造は弾力性が著しく低下しており，税収増と公債金収入減は喫緊の課題である。

租税及び印紙収入

　一般会計歳入の根幹をなすのは，租税及び印紙収入である。国税には直接税として，所得税，法人税，相続税があり，間接税として消費税，揮発油税，酒税などがある。

第3章 国家財政の実情

表3-2 歳入構造

(単位：億円，％)

	1990年度		2000年度		2010年度		2018年度	
	金額	構成比	金額	構成比	金額	構成比	金額	構成比
租税及び印紙収入	601,059	83.8	507,125	54.3	414,867	41.3	590,790	60.5
公債金収入	73,120	10.2	330,040	35.4	423,029	42.1	336,922	34.5
その他収入	42,856	6.0	96,445	10.3	167,447	16.6	49,416	5.1
歳入総額	717,035	100.0	933,610	100.0	1,005,345	100.0	977,128	100.0

(注・出所) 表3-1に同じ。

　まず，1980年代末以降の税収の動向を概観しよう。1987〜1988年の抜本的税制改革では種々の減税が行われるとともに，1989年には消費税（一般消費税）が導入された。1980年代後半から，わが国経済は，いわゆるバブル経済にはいり，税収は1990年度に60.1兆円と戦後の最高水準に達した。しかし，それから2000年代前半にかけて税収は40兆円前半の水準まで落ち込んでいった。これはバブル崩壊後の長引く景気低迷と1990年代に実施された所得税や法人税の減税によるものである。法人税率は国際競争力を強化するという観点から，1990年度の37.5％から1999年度の30％まで引き下げられた。その後，2002年から2008年まで続く戦後最長の景気拡大による法人税，所得税の増収により，2007年度には50兆円を回復している。

　消費税は1989年に3％の税率で導入され，1997年に5％へ，そして2014年に8％へと税率が引き上げられた結果，現在では法人税を抜き所得税に次ぐ地位を占めている。所得税や法人税の税収は景気の動向に大きく左右されるが，消費税の税収は比較的安定的である。

　税収総額は，2008年に生じたリーマンショックの影響から2009年度には40兆円を下回る事態となったが，国民経済が上向きに転じたことから，2009年度をボトムに税収は増加基調に推移し，2018年度当初予算では，ほぼ1990年度の水準に回復すると見込んでいる。

　さて，表3-3は，税収構造を示したものである。2018年度一般会計予算における租税及び印紙収入は，59兆790億円と見込まれており，歳入総額97兆7,127億円の60.5％を占める。その内訳は，所得税19兆200億円（税収総額の

表3-3 税収構造

(単位：億円，%)

	1990年度		2000年度		2010年度		2018年度	
	金額	構成比	金額	構成比	金額	構成比	金額	構成比
所得税	259,955	41.4	187,889	37.0	129,843	31.3	190,200	32.2
法人税	183,836	29.3	117,472	23.2	89,677	21.6	121,670	20.6
消費税	46,227	7.4	98,221	19.4	100,333	24.2	175,580	29.7
揮発油税	15,055	2.4	20,752	4.1	27,501	6.6	23,300	3.9
相続税	19,180	3.1	17,822	3.5	12,504	3.0	22,710	3.8
酒　税	19,350	3.1	18,164	3.6	13,893	3.3	13,110	2.2
その他の税	57,455	9.6	46,804	9.2	41,117	9.9	44,220	7.5
税収総額	601,058	100.0	507,125	100.0	414,868	100.0	590,790	100.0

（注・出所）　表3-1に同じ。

32.2%），消費税17兆5,580億円（29.7%），法人税12兆1,670億円（20.6%），揮発油税2兆3,300億円（3.9%），相続税2兆2,710億円（3.8%），酒税1兆3,110億円（2.2%），その他の税4兆4,220億円（7.5%）である。所得税，消費税及び法人税の3税で税収総額の約82.5%を占めている。

2018年度における税収の対1990年度増加率をみると，税収総額0.98倍，所得税0.73倍，法人税0.66倍，消費税3.80倍，揮発油税1.55倍，相続税1.18倍，酒税0.68倍などとなっている。特徴的なのは，所得課税の減少と消費税の大幅な増大である。

2018年度と1990年度の税収構成比の変化をみると，2018年度は所得税9.2ポイント減，消費税22.3ポイント増，法人税8.7ポイント減となっており，所得課税の税収割合の大幅な低下と，消費税収の大幅な上昇とが対照的である。

なお，印紙収入とは，印紙税法で定められた課税文書に一定基準以上の金額が記載されたときに課される税である。課税文書の作成者は，原則として，印紙税相当額の収入印紙を文書に貼付することによって納税する。印紙収入は，2018年度において1兆540億円と税収総額の1.8%である。

1990年代半ば以降，国民経済の低迷が続き実質経済成長率は平均して約1%であり，2013年までは実質経済成長率が名目経済成長率を上回っていた。いわゆるデフレである。2014年以降，景気の回復基調から税収が増加傾向で推移し

ている。税収は，概ね，名目経済成長率と税制の関数である。したがって，適正な経済成長率の達成と税制改正により税収増を図る必要がある。

公債金収入

　公債金収入とは，国債の発行による収入であり，国の借金である。災害などにより急に財政需要が発生する場合や，世代間の公平を確保するときには，租税による財源調達より国債発行による財源調達が望ましいともいえる。

　2018年度における公債金収入は33兆6,922億円であり，うち特例公債が27兆5,982億円で，建設公債が6兆940億円である。特例公債，すなわち，赤字公債が80％強を占めていることは，将来世代に残す資産の裏付けのない借金をしていることを意味し，世代間の公平の確保といった観点から著しく乖離しているといえよう。

　公債金収入の特徴は，1990年代後半から特例公債の発行額が急増している点である。2018年度末の公債残高は883兆円と1999年度の332兆円と比較すると，551兆円増加している。うち建設公債残高が76兆円増，特例公債残高が470兆円増と2000年代に入り特例公債残高が急増しているのがわかる（そのほか，復興債残高が6兆円ある）。この要因として，高齢化の進展による社会保障関係費の増加や，歳入面における税収の減少などが挙げられる。

　公債依存度とは，一般会計歳入に占める公債金収入の割合のことであり，国の財政がどれだけ借金に依存しているかを示す指標となる。2018年度における公債依存度は34.5％となっている。2017年における欧米諸国の公債依存度をみると，米国10.8％，イギリス4.4％，ドイツ2.0％，フランス23.5％である。このように，欧米諸国と比較すると，わが国歳入予算に占める公債金収入の割合34.5％は極めて高い水準にあることがわかる。

　公債依存度が政府債務のフローであるとするならば，債務残高はそのストックである。そこで，債務残高の対GDP比を比較（2017年）すると，日本240.3％，米国108.1％，イギリス89.5％，ドイツ65.0％，フランス96.8％，イタリア133.0％，カナダ89.6％である。わが国は主要先進国の中で突出して高

くストックの面から見ても、主要先進国の中で最悪の水準となっている。このように、フローレベルでもストックレベルでも、わが国の財政は深刻な状況に直面していることがわかる。まずは、フローレベルの借金の増加を回避すること、そしてストックを減らしていくことが課題であろう。

税外収入

税外収入（その他収入）とは、財政収入のうち、租税及び印紙収入、公債金収入以外のものをいう。国の場合、官業益金および官業収入、政府資産整理収入、雑収入、前年度繰越金の受入れからなり、社会保険関連の特別会計における社会保険料収入は含まない。

官業益金及び官業収入とは、国の事業活動から得た利益や所得のうち、一般会計に納める分のことである。ただし、独立行政法人国立印刷局の発足（2003年）に伴い印刷局特別会計が廃止されたことから、現在では官業益金はない。

官業収入には、宮内庁所管・防衛省所管の病院などの病院収入及び診療所収入や国有林野事業収入がある。政府資産整理収入とは、国有財産処分収入などのことである。雑収入には日本銀行納付金、日本中央競馬会納付が含まれる。これに前年度繰越受入金を合わせると、2018年度における税外収入は4兆9,416億円で、歳入総額に占める割合は5.1%である。

かつては専売納付金が税外収入の一部を構成していたが、2001年度からは計上されていない。専売納付金とは専売制度による収益のうち、一般会計に繰り入れられていたものをいう。専売制度の目的は、国が生産・流通・販売過程を管理し、国庫への歳入を拡大させることである。しかし、塩や樟脳のように、後に需給調整が主な目的になる場合もある。

戦前からわが国ではたばこ、塩、樟脳、アルコール（酒ではなくエタノール）などに専売制が実施されていた。そして、戦後になるとたばこ、アルコール、塩、樟脳を扱う専売公社が設立された。

1985年に日本専売公社が廃止され、日本たばこ産業株式会社が発足したことでたばこの専売制は廃止されたが、それに代わるものとして国のたばこ消費税

が創設された。そして1989年の消費税導入に伴い，たばこ消費税はたばこ税と名称変更された。

　塩についてみると，1905年に日露戦争の戦費調達のために専売制が法制化されたが，1997年に廃止され，その後2002年に販売自由化されている。アルコールについては，2001年にアルコール専売法とアルコール専売事業特別会計法が廃止され，その製造，販売，使用はアルコール事業法に基づく許可制となった。こうして専売納付金は1940年代後半には歳入総額の約20％を占めていたが，年々その割合を低下させ，1964年には5％を切り，2001年度にはゼロとなった。

3　プライマリー・バランス

　一般的な財政収支は，税収・税外収入から債務償還費を除く歳出を差し引いた収支のことを意味する。2018年度の一般会計当初予算を例にとってみると，図3-1で示すように，税収59.1兆円と税外収入4.9兆円の合計が64兆円，債務償還費14.3兆円を除く歳出が83.4兆円であるから，財政収支は19.4兆円の赤字となる。なお，国債費の約4割は利払い費等である。現在，わが国は低金利の環境にあり利払い費は抑えられているが，金利が上昇すると利払い費は増加する。そうでなくても，国債増発が続けば，利払い費は増加していくことになる。

　一方，プライマリー・バランス（基礎的財政収支）とは，「税収・税外収入」から「国債費（債務償還費・利払い費等）を除く歳出」を差し引いた収支のことである。プライマリー・バランスは，その時点で必要とされる経費を，その時点の税収等でどれだけ賄えているかを示す指標である。図3-1よると，2018年度当初予算における「税収・税外収入」が64兆円，「国債費（23.3兆円）を除く歳出」が74.4兆円であるから，プライマリー・バランスは10.4兆円の赤字となる。このようにプライマリー・バランスが赤字の場合，新たに国債を発行することで国債残高が増加し，将来世代への負担が転嫁される懸念がある。

　これに対して，プライマリー・バランスが均衡するというのは，一般歳出や

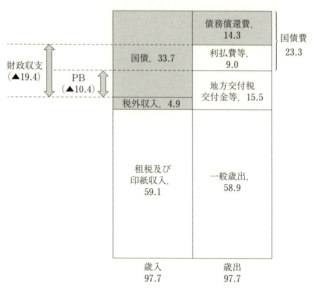

図 3-1 財政収支とプライマリー・バランス（2016年度）
（出所）大矢俊雄編著『図説日本の財政』（平成27年度版）東洋経済新報社，2015年，36頁を参考にして作成。

地方交付税交付金等を新たな国債に頼らずに，その年度の租税及び印紙収入などで賄うことができている状態である。

プライマリー・バランスは，財政の持続可能性を判断する基準として有益である。財政健全化を進める第一歩として，プライマリー・バランスの黒字化は極めて重要であるといえよう。

4 国民負担率

人口が高齢化すると，年金，医療，老人福祉サービスへの需要が増大・多様化し，他の条件が一定であるならば，必然的にそれは国民の費用負担を増大させることになる。そこで，この費用負担を国民負担率の推移から捉えてみよう。

国民負担率とは，国民が1年間に生み出した所得から，どれだけ租税と年金

表 3-4 国民負担率の推移

(単位：％)

	1970年度	1980年度	1990年度	2000年度	2010年度	2018年度
国民負担率	24.3	30.5	38.4	37.0	38.5	42.5
租税負担率	18.9	21.7	27.7	23.5	22.1	24.9
社会保障負担率	5.4	8.8	10.6	13.5	16.3	17.6

(注) 2010年度までは実績，2018年度は見通し。
(出所) 財務省ホームページ。

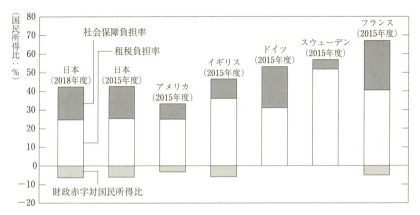

【国民負担率＝租税負担率＋社会保障負担率】
【潜在的な国民負担率＝国民負担率＋財政赤字対国民所得比】

国民負担率	42.5(31.2)	42.6(31.1)	33.3(26.8)	46.5(33.8)	53.2(39.6)	56.9(36.8)	67.1(47.4)
潜在的な国民負担率	48.7(35.7)	48.7(35.6)	36.6(29.5)	52.4(38.0)	53.2(39.6)	56.9(36.8)	72.2(51.0)

図 3-2 国民負担率の国際比較

(注) 日本は2018年度見通し及び2015年度実績。諸外国は2015年実績。
　　財政赤字の国民所得比は，日本及びアメリカについては一般政府から社会保障基金を除いたベース，その他の国は一般政府ベース。
(出所) 財務省ホームページ。

や医療などの社会保険料を納めたかを示す指標である。

表 3-4 には国民負担率の推移が示されている。2018年度におけるわが国の国民負担率は42.5％であり，その内訳は租税負担率が24.9％，社会保障負担率

が17.6％となっており，租税負担率の方が高い。なお，租税負担率は，国税だけでなく地方税を含めた値である。国民負担率は1970年度には24.3％であるから，約半世紀で18.2ポイント増加したことになる。その内訳をみると，租税負担率が18.9％から24.9％へと6ポイント増，社会保障負担率は5.4％から17.6％へと12.2ポイント増となっており，社会保障負担率が高まっていることがわかる。

図3-2には，国民負担率の国際比較が示されている。欧米の先進諸国をみると，アメリカ33.3％，イギリス46.5％，ドイツ53.2％，スウェーデン56.9％であり，フランスは67.1％にも達する（いずれの国も2015年度の数値）。このように，わが国の国民負担率はアメリカよりも高いが，ヨーロッパ諸国よりも低いのが現状である。

ただし，この国民負担率の中には，公債発行で調達されている歳入の部分が含まれていない。公債は将来の租税で償還が予定されるので，国民負担率の上昇につながることになる。国民負担率に財政赤字の対国民所得比率を加えた潜在的国民負担率でみると，わが国の国民負担率は48.7％と推計される。つまりイギリス52.4％，ドイツ53.2％とほぼ同水準であることがわかる。

わが国の場合，現実の国民負担率と潜在的な国民負担率との差が極めて大きいが，これは享受している公共サービスからの便益と，租税及び社会保障負担との乖離を意味する。利益を受ける者が負担するという経済原則に反していることになる。将来世代への負担の先送りである。

参考文献
宇波弘貴編著『図説日本の財政』（平成29年度版）東洋経済新報社，2017年。
大矢俊雄編著『図説日本の財政』（平成27年度版）東洋経済新報社，2015年。
片桐正俊編著『財政学』（第3版）東洋経済新報社，2014年。
佐藤進・関口浩『財政学入門』（第14版）同文館，2018年。
西村幸浩・宮崎智視『財政のエッセンス』有斐閣，2015年。
宮島洋『財政再建の研究』有斐閣，1989年。

練習問題

問題 1
1990年度と2018年度の歳入構造を比較対照し，論じなさい。

問題 2
プライマリー・バランスについて説明し，国家財政の持続可能性について論じなさい。

問題 3
わが国の国民負担率について，欧米の先進諸国と比較し，論じなさい。

（仲地　健）

第4章
租税の基礎理論

本章のねらい

　租税は，政府が経済活動を行う上で根幹となる財源である。各国において，課税ベースは，概ね，所得，消費，資産が中心となっているが，国によってそれぞれのウェイトは異なる。租税は，本源的機能である財源調達（資源配分機能）ばかりでなく，所得再分配や経済安定化にも大きく関係している。また租税制度は，家計や企業の経済活動に大きな影響を及ぼしている。

　本章では，まず租税の機能について学び，次に租税制度を構築する上でどのような原則によって立つべきなのかをみる。さらに公平な租税とは何か，市場の資源配分を歪めない租税とは何かについて学習する。そして，いくつかの基準により租税を分類する。

1　租税の機能

　財政の役割は，家計や企業が活動する枠組みを整え，国防や司法，社会資本，社会保障，教育といった公共サービスを供給し，国民福祉を維持・向上させることにある。当然ながら財源が必要となるが，政府は，財政活動をするための収入源を有していない。そのため，財源をもっぱら家計や企業からの租税収入に求めている。また，国民は，政府に徴税権を認め，義務として租税を納める。このように，租税とは納税義務者が強制的かつ個別的反対給付なしに行う政府への貨幣の移転である。租税は，その仕組みをつうじて，資源配分，所得再分配，経済安定化といった機能を遂行している。

租税の資源配分機能

　家計や企業にとって必要な財・サービスは，市場で取引され，資源配分が調整される。しかし，市場は万能ではなく，資源配分が効率的に行われない場合がある。資源配分上の市場の失敗，すなわち，狭義の市場の失敗である。例えば，国防や司法，社会資本，社会保障，教育といった公共サービスは市場では供給されないか，または十分な供給が行われない。そして，独占や寡占，外部性，情報の不完全性などのため，市場の失敗が発生する。

　政府は家計や企業から租税を徴収し，それを財源として公共サービスを供給している。また，特定の経済活動に課税することにより，市場における資源配分を調整する。例えば，環境汚染といった外部不経済を抑えるために環境税を導入することや，し好品であるお酒やタバコに課税することにより過剰な消費を抑制するなどである。このように，公共サービス供給の財源を調達し，資源配分を調整することが租税の資源配分機能である。

租税の所得再分配機能

　市場経済の下では，所得は基本的に生産への貢献度によって決定され，また資産の保有は生まれてくる境遇によっても左右される。必然的に所得や富の格差が生じる。これが著しい場合，国民福祉や社会の安定といった観点から望ましくない。この場合，格差是正に対する国民の価値判断を政治プロセスに反映させ所得再分配を行う。具体的には，所得税や相続税及び贈与税による所得や富の再分配が実施されている。例えば，所得が多くなるにしたがって租税負担率が高くなる累進所得税制は所得格差を是正し，相続税や贈与税は富の偏在を是正している。歳出における所得再分配の中心は，医療，年金，介護，生活保護，社会福祉などといった社会保障関係支出であるが，歳入側である租税も所得再分配の機能を担っている。

租税の経済安定化機能

　市場経済は，インフレーションやデフレーションといった経済変動を引き起

こす。こうした経済変動は主に消費，投資といった総需要と供給量との乖離により発生する。これに対して租税は，経済変動を調整する経済安定化機能をもっている。例えば，累進構造をもつ所得税や，法人税は税収入が景気に敏感に反応する。景気が良い場合は税収入が自動的に増加し，また景気が悪い場合は税収入が低下し，消費や投資への影響をつうじて総需要の変動を自動的に緩和する。これを，ビルトイン・スタビライザー（自動安定装置）という。また，フィスカルポリシー（裁量的財政政策）による減税や増税のように税負担水準を裁量的に操作し景気変動を緩和する。例えば，不況期に所得税や法人税の減税を行うと，消費や投資といった総需要の拡大に結びつき，いずれ総供給の拡大につながる。逆に，好況期には，所得税や法人税の増税により総需要を抑制し，景気の過熱やインフレーションを抑える。このように，租税は有効需要を調整する役割を担っている。

2　租税原則と公平な負担配分

代表的な租税原則

　租税制度を構築する上で，どのような理念でどのような租税を課すのが望ましいかを判断する基準が租税原則である。租税原則は，各国の状況や時代背景により重点が異なるものの，スミスの4原則，ワグナーの9原則，マスグレイブの6条件が代表的な租税原則として知られている。なお，現代の各国の税制改革の理念は公平，中立，簡素に収斂している。

　アダム・スミス（Adam Smith）は18世紀後半の資本主義経済が勃興する時代に英国で活躍した経済学者である。個人主義的な国家観をもち，市場の機能を信頼して，政府の活動は国防や司法，大規模な社会資本など，最小限に止めるべきとした。また，課税の根拠を国家の保護から受ける利益に比例して負担すべきという利益説に求め，公平の原則を重視した。つまり，租税は各人の担税力に比例して負担すべきであるとした。この他に，納税の期日・方法・金額が明瞭かつ確実であるべきという明確の原則，支払いに最も適した時期や方法を

採用すべきという便宜の原則,税務行政の費用は最小限にすべきという最小徴税費の原則をとりあげた。スミスの唱えた4原則は公平の原則をはじめとして現代の租税原則に大きな影響を及ぼしている。

アドルフ・ワグナー(Adolph H. G. Wagner)は,19世紀後半から20世紀にかけてドイツで活躍した財政学者であり,貧富の格差など資本主義の矛盾が顕在化する中で,国家に積極的な役割を求めた。国家は個人からなる有機体であり,納税は個人の義務であると唱えた。ワグナーは,スミスの4原則に加えて,租税は所得や富の再分配といった社会政策を行うのに十分なものであるべきと考え,財政政策上の原則(課税の十分生,課税の弾力性)と国民経済上の原則(正しい税源の選択,税種の選択)を加えた。この他に,公正の原則(課税の普遍性,負担の公平性),税務行政上の原則(課税の明瞭性,便宜性,最少徴税費)を加えた4大原則9小原則を唱えた。

マスグレイブ(Richard A. Musgrave)は,20世紀を代表する米国の財政学者である。財政を公共経済の原理あるいは公共予算の操作に関する研究として捉え,財政活動を資源配分,所得再分配,経済安定化という3つの機能から体系化し,租税について6条件を提示した。スミスやワグナーの原則に沿うものとして,租税負担は公平であるべきという公平性の条件,租税制度は公正で納税者にとって理解しやすいものであるべきという明確性の条件,税務当局や納税者の費用をできるだけ小さくすべきという費用最少の条件がある。また,最終負担者(転嫁の帰着主体)を考慮すべきという負担者の条件,租税は効率的な市場の決定に対してその干渉を最小にし,超過負担を最小限にとどめるべきという中立性の条件,経済の安定と成長のため租税構造は財政政策を容易に実行できるようにすべきという経済の安定と成長の条件を新たに加えている。

こうした租税原則を受け継ぎながら,現在では「公平」「中立」「簡素」の3つが各国の税制改革の基本原則として一般的にとりあげられている。公平の原則とは,租税を負担する場合の公平とは何かを追求するものである。公平とは何かは,社会の状況や個人の主観的判断にも影響され必ずしも明瞭ではない。今日では水平的公平と垂直的公平の2つに分けて考えられている。水平的公平

とは，経済的に見て担税力が等しい人びとは等しい税を負担するというものであり，また垂直的公平とは，経済的に見て担税力が異なる人びとは異なる水準の税を負担するというものである。水平的公平への対応は比較的容易であるが，垂直的公平については，担税力の異なる人びとの税負担水準をどうするかという難しい問題がある。

　中立の原則とは，市場メカニズムによって効率的な資源配分が達成されている場合，租税は資源配分を歪めず，中立であることが望ましいというものである。租税は，家計や企業へ直接的な負担のみならず，代替効果により厚生上の損失を生じさせる。後者を超過負担と言う。実際には，どのような租税であれ，家計や企業の経済行動，あるいは資源配分に影響を与えるが，その影響をできるだけ小さくすることが重要になる。

　簡素の原則は，税制が簡素でわかりやすく，また徴税費や納税者の納税協力費ができる限り低いほうが良いというものである。各国の税制は，通常，複数の税の組み合わせ（タックス・ミックス）から成り立っているが，経済社会の発展とともに複雑化してきている。例えば，わが国の所得税では公平のために多様な所得控除を設けているが，これが逆に税制を複雑にしている。たとえ公平や中立の原則が満たされたとしても，その仕組みが複雑で徴税費が膨大な税制は望ましいとはいえない。

公平な負担配分

利益説と能力説　　租税の負担配分については2つの考え方がある。1つは，利益説と呼ばれるものであり，納税者を公共サービスの受益者と捉え，租税は公共サービスの利益に対する対価として徴収する。もう1つは能力説と呼ばれるもので，公共サービスからの利益と税負担を切り離し，租税は納税者の能力に応じて負担すべきという考え方である。

　利益説をとる立場からは，納税者が公共サービスから受ける利益に応じて税を負担するのが公平である。この考え方に立って，受益に応じて負担することは，公共サービスの最適な供給と税負担配分を決定できる利点がある。しかし，

国民は公共サービスに対して必ずしも選好を表明せず，ただ乗り（フリーライダー）をする問題がある。また，公共サービスからの受益を測定するのは容易ではない。このことから利益説に基づいて租税の仕組みを作ることには課題が多い。ただし，利益の帰属が限定される地方公共財供給のための地方税は受益者が比較的明瞭であり，利益説を適用する意義がある。

　能力説は，租税は納税者の担税力（経済的負担能力）に応じて負担するのが公平であるとする考え方である。しかしながら，担税力の尺度を何に求めるか決めることは容易ではなく，また担税力の測定も難しい。担税力の尺度として所得，消費，資産があげられるが，実施可能性をも考慮した場合，どちらの尺度がより優れているかは必ずしも断言できない。

　各国における人口の高齢化などに伴い経済成長率が低下する中で，所得課税から消費課税への流れが一般的となっている。なお，公平性については，マーリーズ・レビューが指摘するように，税制全体，さらに財政システム全体としてデザインすべきであろう。

公平と犠牲説　水平的公平とは，経済的に見て等しい状態にある人びとは等しい税負担をするのが公平であるというものである。水平的公平は担税力が等しいと判断されれば，等しい税率や税額を課すことで達成される。しかし，何を担税力の尺度とし，等しい担税力があると判断するかという問題がある。そして，垂直的公平とは，経済的に異なる状態にある人びとは異なる税負担をするのが公平であるとする。しかし，担税力の異なる人びとの税負担をどうするかという困難な問題がある。

　担税力の尺度を所得とした場合，課税の公平は担税者に均等な犠牲を負わせることによって実現する。このように，税による犠牲を基準に税負担のあり方を論じるのが犠牲説である。

　図4-1は犠牲説について示している。横軸には所得をとり，縦軸には所得の限界効用が示されている。前提として，所得の効用の絶対量が測定可能であり，各個人の所得の効用曲線は同一であるとする。所得の増加とともに所得の限界効用は逓減し，また租税による犠牲は所得の減少とその結果生じる個人の

第4章 租税の基礎理論

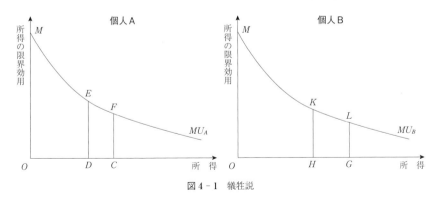

図4-1 犠牲説

効用の減少で測定できると考える。図4-1では，左に個人Aの所得の限界効用MU_Aが右下がりの曲線で示されており，右には個人Bの所得の限界効用曲線MU_Bが示されている。ここでは，個人Aより個人Bの所得が高いと想定する。

さて，犠牲説には均等絶対犠牲，均等比例犠牲，均等限界犠牲の3つがある。均等絶対犠牲は，税負担による犠牲（効用の減少）の絶対量をすべての人について等しくすると考える。図4-1によると，個人Aの課税前所得はCであり，CDの課税が行われると，効用の減少分は$CDEF$となる。また，個人Bの課税前所得はGであり，GHの課税が行われると，$GHKL$の効用が減少する。このように，均等絶対犠牲は課税による効用の減少が均等（$CDEF=GHKL$）になるように課税するというものである。

均等比例犠牲は，課税による効用の減少分の総効用に対する比率が個人間で均等になるべきという考えである。個人Aへの課税をCDとすると課税による効用の減少は$CDEF$であり，課税前の所得の総効用$COMF$との比率は$CDEF/COMF$である。同様に個人Bへの課税をGHとすると，その比率は$GHKL/GOML$である。均等比例犠牲は，個人A，Bのこの比率が等しくなる，つまり（$CDEF/COMF=GHKL/GOML$）となるように課税すべきというものである。

最後が均等限界犠牲である。均等限界犠牲は，所得の限界効用の水準が個人

79

間で等しくなるように課税すべきと考える。図4-1で，所得の低い個人Aへは課税しないとすると，個人Aの所得の効用水準はCFである。では，所得の高い個人Bには，どの水準で課税すればよいのであろうか。均等限界犠牲の考え方によると，所得の限界効用の水準が個人Aと同じCFの水準になる，つまり（$CF=HK$）になるように個人BにGHの課税を行うことが望ましいことになる。

　この3つの犠牲説のうち，所得税の累進度が最も高くなるのは，均等限界犠牲の場合である。それは所得が高くなるほど追加的な所得から得られる限界効用は減少し，また所得が高い人に多くの税負担を求めても効用の減少（課税による犠牲）は小さいことによる。さらに，所得税は課税最低限を超える所得のすべてに課税されるため，高所得者ほど税負担を大きくできる。このように，犠牲説から見ると垂直的公平を達成するためには所得税の累進税制が望ましいといえる。

　しかしながら，犠牲説は所得の効用の絶対量が測定可能であり，また各個人は同様な所得の限界効用曲線をもっていることを前提としており，現実的ではない。あるいは所得の限界効用が逓減することを前提としているが，他の財と異なり所得の限界効用は増加することもありうる。このように，犠牲説に基づく考え方には限界があるものの，累進所得税による税負担と所得再分配を考える際に意義がある。低所得者や高所得者といった担税力の異なる人々に対しどの水準で税を負担させるかという垂直的公平については，最終的には社会の価値判断に委ねざるをえない。

3　租税の転嫁・帰着

転嫁の種類

　租税の転嫁とは，税負担を他の経済主体に移転することであり，帰着とは最終的にある主体に税負担が行き着くことである。図4-2によると，製造業者への課税が，卸売業者，小売業者，消費者の段階に向って転嫁されている。こ

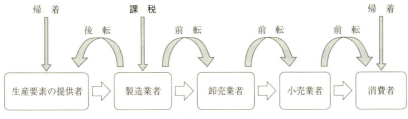

図4-2 転嫁の諸形態

のように財・サービスの生産から消費の方向へ転嫁されることを前転という。また製造業者の段階から生産要素の提供者の方向へ転嫁されることを後転と呼ぶ。あるいは課税により生産者や労働者の生産性が高まり課税分が吸収され転嫁が生じないようにみえる場合がある。これを消転という。さらに，土地や配当への資産課税は，課税額をそのときの割引率（利子率）で資本還元した分だけ資産価格が下落する場合があり，資産購入者は租税を負担しても損失にならない。これを租税還元という。

転嫁と帰着

租税の転嫁・帰着は，市場における需要と供給，課税される財・サービスの特性と関係している。

まず，財・サービスに賦課する消費課税を考えてみよう。消費課税は，法律上は転嫁され消費者に帰着することになっているが，すべてが消費者に転嫁されるわけではなく，一部は価格の上昇により消費者に転嫁され，一部は利潤の減少となって生産者が負担する。消費者と生産者にどの程度で転嫁されるかは，需要曲線と供給曲線の形状に関係している。

なお，法人税は，納税義務者である法人が利潤で負担することが想定されているが，実際には，法人税はどのように転嫁され，どの経済主体に帰着するかは理論的にも実証的にも不明瞭である。財の価格に上乗せする場合は消費者が負担することになり，賃金の削減につながれば労働者が負担し，利潤や配当の減少につながれば株主の負担となる。最終的には消費者，労働者，株主のいず

第5章

所得税と法人税

本章のねらい

　消費税が導入されてから約30年が経過し，税率も引き上げられ，国税の主柱が次第に消費税に変わりつつある。現時点では，国税収入の主柱は所得税であり，法人税とともに租税制度上，所得課税の主柱でもある。本章ではこうした所得に賦課される租税を取扱う。所得に対する租税は，いわゆる昭和15年（1940年）の税制改革により国税の主柱となりシャウプ勧告もそれを引き継いだ。

　経済学は稀少資源の効率的な資源配分を扱うが，稀少な資源を支配する力である経済力は納税者の能力を示す最も適切な指標の1つであり，個人所得に対する課税は能力に応じた公平な負担の実現に結びつく。こうした観点から所得税がなぜ日本の租税制度の主柱となり，なぜいま消費税にその座を譲り渡そうとしているのか，またハーバーガーやマスグレイブの研究により道が開かれた法人税転嫁を紹介した上で，法人税はいかなる租税なのか，法人税の負担はなぜ転嫁するのかを調べてみよう。

1　個人所得税

所得の概念

所得税とは　わが国の租税制度で所得税（income tax）と称されている租税は，所得のうち，とりわけ個人所得を課税対象とした租税であり，租税論的には個人所得税（personal income tax）ともいわれる。財政学を学ぶにあたってはより深く掘り下げて，所得税の本質を捉えなければならない。その

ためにはまず,所得税が所得に対する課税とすると,所得とはいかなるものであるかを明らかにする必要がある。

源泉説と分類所得税 所得という概念については,大きく2つの流れが存在している。第1は主としてイギリスで醸造されてきた概念で,源泉説ないし周期説といわれているものである。この考え方は,所得がいかなるところから生み出されてきたかという所得源泉を重視しながら,その一定の所得源泉から継続して周期的に生み出される所得のみを所得税の対象とみるものである。したがって,源泉説では非周期的所得である一時的所得や偶発的所得は基本的に除外されることとなり,源泉を異にする所得は当然担税力にも違いがあるということになる。イギリスの所得税は①地代・家賃,②農業利潤,③利子・配当,④商工業利潤,⑤給料・年金の5つの所得源泉に所得を分ける (five schedule) 制度をとってきていた。そしてこうした考え方は,課税の公平と担税力の相違に着目して勤労所得を軽課し,不労所得（資産所得）を重課せよというように,所得種類ごとに差別的課税をする分類所得税の考え方に行きつくことになる。フランスやイタリアも伝統的にはこの源泉説・分類所得税をとってきた。

経済力増加説と総合所得税 第2の所得の考え方はドイツやアメリカで醸成されてきた概念で,経済力増加説あるいは純資産増加説といわれているものである。この考え方は所得の源泉を問うのではなく,一定期間の経済力の増減,すなわち資産価値の増減に力点を置き,所得を2時点間の経済力の増加とみるものである。この場合の経済力とは経済学研究の出発点ともいえる資源の稀少性にその根源があり,稀少な資源の支配力のことをいう。こうした経済力が増加することで,現在の資源の支配ばかりでなく,将来の資源の支配も可能になる。そうした観点から,担税力の指標は経済力にあるとみて,経済力の増加に寄与する所得をすべて総合して課税しようという総合所得税の考え方に行きつくこととなる。

この総合所得税は,源泉説では除外されていた一時的所得や偶発的所得も含めて,経済力を増加させる所得をすべて包み込むことから包括的所得税 (comprehensive income tax) ともいわれる。この所得概念について日本の明治中期

に，ドイツの財政学者でヴュルツブルク大学教授のシャンツが「所得とは与えられた期間中の経済主体の純資産の増加」とし，日本の大正期には，シャウプ税制使節団の一員であったビックリーの恩師の一人であり，米国のコロンビア大学教授のヘイグが「所得とは2時点間の経済力の純増加の貨幣価値」と定義した。さらに米国のシカゴ大学教授のサイモンズは「消費に用いられた権利の市場価値と期首・期末間の保有財産権価値の変化の代数和（Y［所得；yield≒income］＝C［消費；consumption］＋$\varDelta W$［資産；wealth］）」と定義した。これら3名の定義の共通項をまとめると，所得とは貨幣評価ができるあらゆる経済力あるいは資産の2時点間の純増加額といえ，こうした包括的所得概念をシャンツ＝ヘイグ＝サイモンズ概念とよんでいる。

なお，イギリスでも2000年代になると経済力増加説に基づいた総合所得税に変わってきている。

所得の分類と所得税

所得税制小史　　近代的な所得税はイギリスで，日本の江戸後期にあたる1799年に，英国首相兼蔵相のピットがナポレオン戦争の戦費調達のために導入したものがその嚆矢とされている。

日本の所得税は，1887年に主として海軍費調達のために創設されたがその税収は，日本の国税の割合の推移を示した図5-1の1900年の数値をみても，明治初期に比べて減少し続けていた地租にさえ，到底及ぶものではなかった。それがすでに昭和の戦時体制に入っていた，いわゆる昭和15年の税制改革（1940年）で，法人税を分離して個人所得を課税対象とした所得税に改編され，この時点で所得税が日本の国税収入の首位を占めるに至った。それは図5-1の1941年の数値で確認できる。

その後，1949年のシャウプ勧告に基づき，経済力増加説に則った所得税に改編された。しかし，シャウプ教授が勧告の冒頭で，「われわれが勧告しているのは，租税制度であっても，相互に関連のない多くの別個の措置ではない。一切の重要な勧告事項及び細かい事項の多くは相互に関連をもっている。もし重

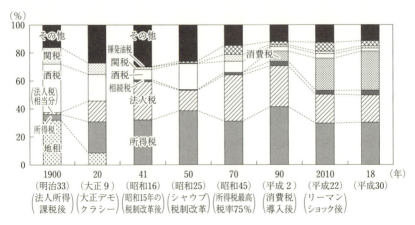

図 5-1 日本の国税構成の推移

要な勧告事項の一部が排除されるとすれば，他の部分はその結果価値を減じ，場合によっては有害のものとなろう」と警告していたにもかかわらず，日本の税制には独立を契機に手が加えられていき，その底なし沼に足を踏み入れることとなる。所得税では例えば，資本蓄積を促進するという政策目的から利子・配当所得を分離課税するなどして，総合所得税の崩壊が生じた。結果として所得税は，分類所得税の要素をもった総合所得税という曖昧な性質をもつこととなった。この分離課税はやがて到来する高度経済成長を支えたと評価する向きもあるが，租税制度という観点からは，シャウプ勧告の理念とは大きくかけ離れる方向に流れていくのであった。それ以降の今日までの国税に占める所得税の推移は，図 5-1 に示されているとおりである。

なお，近年の所得税に関連した動向に，2011年の東日本大震災の復興財源に充てるため，2037年まで所得税額の2.1%相当の復興特別所得税が課税されることになったことがある。それは，2018年度当初予算で国税の0.6%を占めている。

所得の分類 日本の現行所得税法では10の所得を列挙し，それに課されるのが所得税であるとされている。具体的には，①利子所得（預貯金，国債等の利子），②配当所得（株式，出資等の配当），③事業所得（商工業，農業等

の事業による),④不動産所得(土地,家屋等の賃貸),⑤給与所得(給料,賃金,賞与等),⑥退職所得(退職手当,一時恩給等),⑦譲渡所得(土地,家屋等の売却益),⑧山林所得(山林の立木売却益),⑨一時所得(クイズ賞金,生命保険契約の満期返戻金等),⑩雑所得(恩給,年金,ほか上述の所得にあてはまらない所得)である。これら所得はそれぞれ,所得税法に基づいて,基本的には収入金額から必要経費を控除して求められる。

　また,シャウプ税制に基づく制度下ではこれらの所得を合算する総合課税の理念が貫徹されていた。しかし,前述のような経緯で現在では,(1)長期性等の所得の特殊性の観点から⑥退職所得と⑧山林所得が分離課税されている。また,(2)租税特別措置法により,①利子所得に源泉分離課税があったり,特定公社債等の利子に申告分離課税があったり,また②配当所得で上場株式等の配当に源泉徴収される場合があるなど,総合所得税の体制は大きく崩れるに至っている。

　なお,⑦譲渡所得は租税論ではキャピタル・ゲイン (capital gain: 資本利得) といわれることが多いが,その捕捉には問題がある。確かに資産の含み益あるいは値上がり益があることが認識できても,実際に売買されていない資産価格を正確に捉えることは極めて難しいからである。そして現実に売却益が現金所得として得られていないものに課税することへの反発も大きい。このような実現されていない資本利得を未実現キャピタル・ゲインという。けれども,実際に資産譲渡を通じて生じる売却益である譲渡益,すなわち実現キャピタル・ゲインにのみ課税をすることになると,資産売却の中止や延期をもたらし,経済活動に悪影響をもたらす経済的中立性を損なう事態を招来してしまうことになる。それはマイナスのキャピタル・ゲインといえるキャピタル・ロス (capital loss: 資本損失) についても同じようなことがいえる。キャピタル・ゲインないしキャピタル・ロスを租税制度でいかに取り扱うかが問題となる。

課税単位　所得は生活の原資であり,所得にいかに課税するかは課税の公平の実現とも大きく関係してくる。そうした観点に立つと,生活の単位をいかに捉えて課税するかも望ましい租税制度を構築する際には重要になって

くる。つまり個人単位で納税するのか，世帯単位で納税するのかという，所得税を納税する単位である課税単位（unit of taxation）が問題となる。日本では第2次世界大戦前の旧民法下では「家」の制度が存在し，所得税の課税単位は同居する家族単位であったが，現行制度の下では個人単位となっている。これに対して欧米では基本的に世帯単位をとっている。アメリカ合衆国では生活の単位を夫婦単位による家族とみて夫婦単位で所得税が課税されている。また，フランスなどでは戦前の日本のように家族単位で所得税が課されている。ところが世帯単位をとり夫婦の所得を合算すると，より高い累進税率が適用されることとなり，婚姻により所得税負担が重課されるという「婚姻への刑罰」といわれる問題が生じた。そのため，まず夫婦の合算所得を半分に割り（二分）それぞれに合算時よりも低い税率を適用して税額を求め，次にそれぞれ同額となった税額を二倍（二乗）して二人分の税額とする二分二乗法とよばれる方式が1948年アメリカで採用された。しかしこれによると既婚者が優遇され，とりわけ中高所得層ほど軽減割合が高いという問題が生じた。そこで，1969年の内国歳入法改正により，独身者と既婚者に別々の税率を適用する制度に改められた。またこの考え方を拡大したフランスでは，生活の単位である家族数 N に，N 分 N 乗法とよばれる方式が採用されている。

課税方法　所得税の課税方法には，自らの所得に基づき算定した納付税額を納税義務者が税務署等に申告して納税するという申告納税制度と，納税者の所得が生み出される源泉に立ち入り徴収納付義務者から税額を徴収するという源泉徴収制度がある。現行の所得税制度に多大な影響を与えたシャウプ勧告では，それまでの税務当局が税額を確定し納税者に通知して課税する賦課課税方式を，徴収目標税額の設定が容易であるという利点を認めつつも，民主的観点から批判した。そして民主的観点から納税と社会との関係を基底に置き，納税の基本は申告納税とし源泉徴収によるにしても，納税者が自らの税額等の根拠をきちんと認識することの重要性を説いていた。

　こうした2つの納税制度の併存はその欠点が顕わとなり，やがて不公正税制の象徴となっていった。現在でも納税者の約80％強が給与所得者の源泉徴収で

占められており，所得の発生源ではほぼ確実に所得税が徴収されることとなる。これに対して，事業所得はその算定にあたり所得獲得のための経費とみられる必要経費控除が広範に認められており，またこれは申告納税である。こうしたことから税務当局による所得の捕捉度の差，つまり実際の稼得所得と課税されるにいたる所得との差が存在している。こうした給与所得者，事業所得者，農業所得者で税務当局の所得捕捉率の違いによる，クロヨン（9：6：4）あるいはトーゴーサン（10：5：3）問題といわれる税制上の不公平が昭和末期に指摘され，それを是正する手段の1つとして付加価値税としての「消費税」導入が目論まれたのである。

税　率

所得税というとマスグレイブのいう財政の3機能のうち，所得再分配機能を果たす代表例にあげられる。それは所得が増大すればするほど税率が高まるという累進税率を採用しているからである。これは所得の増加がその人の経済力の増大を意味し，その能力に応じて所得の多い人ほどより多く支払うのが公平に適うという論理による。しかしここで注意する必要がある。累進課税には2つの手法が存在するのである。第1は，1つの課税物件（所得税では課税所得）に対して1つの税率を適用するという単純累進であり，第2は1つの課税所得をいくつかの段階に区分して各段階に次第に累進税率を適用していくとする超過累進とよばれているものである。日本の制度をはじめ多くの国では図5‐2のように超過累進税率を適用している。なお所得税の税務においてはこの計算を簡便に行うための表が存在している。

日本の所得税率は表5‐1のように，1969年には課税所得が最大の16段階存在しており最高税率は75％で極めて強度の累進課税がなされていた。しかし，昭和末期から平成に至る時期にアメリカのレーガン税制改革の影響もあり，主要国で勤労意欲を阻害しないようにするため等の理由から，所得税率をなるべくフラット化（平準化）する動きがみられた。日本では前述の強度な累進課税と最も対照的なのが1999年の改正で，課税所得階層は4段階に減らされ最高税

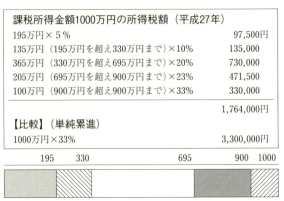

図5-2 所得税額の算定

表5-1 日本の所得税率の変遷

昭和25年		昭和44年		平成元年		平成11年		平成19年		平成27年	
税率	課税所得階層	税率	課税所得階層	税率	課税所得階層	税率	課税所得階層	税率	課税所得階層	税率	課税所得階層
%	万円	%	万円	%	万円	%	万円	%	万円	%	万円
								5	195	5	195
		10	30	10	300	10	330	10	330	10	330
		14	60								
		18	100								
20	5	22	150	20	600	20	900	20	695	20	695
								23	900	23	900
25	8										
		26	200								
30	10	30	250	30	1,000	30	1,800	33	1,800	33	1,800
		34	300								
35	12					37	1,800～				
		38	400								
40	15	42	500	40	2,000			40	1,800～	40	4,000
45	20									45	4,000～
		46	700								
50	50	50	1,000	50	2,000～						
55	50～	55	2,000								
		60	3,000								
		65	4,500								
		70	6,500								
		75	6,500～								
(刻み数)											
8		16		5		4		6		7	
(シャウプ勧告)		(税の刻み最多)		(消費税導入)		(税の刻み最小)		(地方に税源移譲)		(現　行)	

(出所)　吉野維一郎編著『図説日本の税制』(平成29年度版)財経詳報社, 2017年, 99頁。

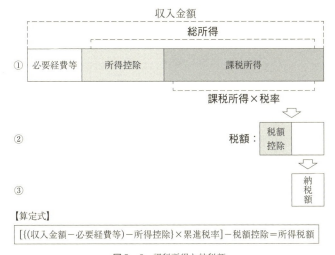

図5-3 課税所得と納税額

率は37%へと引き下げられた。課税標準（ここでは課税所得）の段階（tax bracket: ブラケット）が減少すれば多少の労働を増やして所得が増えたとしても所得税が急激に増加することを抑えられるのである。その後平成の地方分権の一環で地方への税源移譲を実現する2007年の改正で，地方では比例税率で所得課税をして国では累進課税をするという地方所得税の考え方がとり入れられて表5-1にあるように課税所得が6段階で最高税率が40%となった。なお，2015年には表5-1のとおり，高所得者の税率がさらに引き上げられている。

所得控除

課税所得　所得税の最終的な納付額はいくつかの段階を踏んで算定される。図5-3はその一連の流れを示したものである。所得税は稼得した収入金額そのものに課税されるのではない。図5-3①にあるように，まず収入金額から必要経費等を控除（「差し引く」の意）して総所得金額を求める。次にそこから様々な租税上の配慮を施すために所得税法に定められている所得控除（deduction）の金額を控除する。こうして求められたものが所得税課税の基盤となる課税所得（taxable income）である。

人的控除　課税所得を求めるための所得控除は日本の所得税法では，①人的控除と②その他の控除に大きく2分している。第1の人的控除は，所得税納税者及びその家族が人間として最低限度の生活を維持するには必要な額があろうという配慮から，そうした最低限度の生活維持のための必要な額は担税力をもたないという考え方に基づき，総所得金額から控除されるのである。現行の所得税法では本人の生活維持のための，①基礎控除，当初いわゆる内助の功に基づき考えられた②配偶者控除，③配偶者特別控除，扶養親族のための生活を意図した④扶養控除がある。また特殊事情に基づき生活上追加的経費が必要であるという配慮による⑤障害者控除，配偶者と死別・離婚し扶養家族のいる者等への⑥寡婦控除ないし⑦寡夫控除，また⑧勤労学生控除がある。

人的控除以外の控除　その他の控除には，①災害，盗難，横領等の結果によりなされる雑損控除，②診療または治療などに係る医療費控除は，一定額を超える雑損失や医療費が納税者の担税力を弱めるという考え方により控除を認めているものである。また，保険料に充てられた所得は担税力が弱いという観点から，③社会保険料控除，④生命保険料控除，⑤地震保険料控除が認められている。そのほかの控除として⑥寄附金控除があるが，これは公益的事業への個人の寄付を奨励するための特別措置といえる。なおこれは，制度的に現行のいわゆる「ふるさと納税」を下支えしているが，ふるさと納税が果たしてこの意図を十分に満たしているかは疑わしいところがあるとともに，住民税の本来の制度的意義を大きく崩していると批判されている。

給与所得控除と「103万円の壁」問題　前述のとおり総所得金額は収入金額から必要経費等を控除して求められるが，給与所得については，①具体的な必要経費を個別に算定することが難しく，②所得としては資産性所得などに比べて勤労性所得であることから担税力が弱いこと，③前述のとおり税務当局による所得捕捉率が高いことなどから，給与所得獲得のための概算経費を控除するということで給与所得控除が設定されている。現在65万円であり，その額が高すぎ課税ベースを侵食しているという批判がある。また，とくに配偶者（例えば妻）が家事をする傍らでパート等の方法で勤務した場合，現在38万円の基礎控

除とこの給与所得控除を合わせた103万円を超えると，非課税の域を超えてしまうこととなる。当然，能力原則に基づき課税されている所得税制度では，非課税範囲を超えると所得税を支払える能力があるとみられて所得税納税者となるが，この場合この世帯全体でみたとき，加えて主たる所得を稼得している配偶者（前例に合わせると夫）の所得税を算定するにあたり，その配偶者控除（前例に合わせると夫の配偶者である妻を対象としたもの）が認められなくなってしまう。結果として世帯としては増税になってしまい，103万円を1つの目安として労働する事態が存在する。こうしたことを103万円の壁と俗に呼んでいた。2018年改正で，主たる所得を稼得している配偶者（前例に合わせると夫）の所得税を算定するにあたり配偶者控除が家事をする傍ら働く配偶者（前例では妻）の収入が150万円まで認められることとなり，103万円を超えても世帯全体でみた負担はやや軽減される傾向をもったといえる。しかし，この種の問題に対しては様々な見解が存在している。

　こうした個々の所得控除の改廃・新設にあたっては，租税制度の一部であることを念頭に置きながら，所得税のあるべき姿を理論的観点から偏りのない立場で考えていく姿勢が財政学を学ぶ者には求められるであろう。

税額控除　　所得税額は図5-3②のように，課税所得に累進税率を適用して算定する。しかしこうして算定された税額が必ずしも納付税額になるわけではない。図5-3③のように，課税所得に累進税率を適用して算定された所得税額から控除する税額控除（tax credit）が存在している場合がある。そして図5-3には，このように税額控除までの段階を踏んだ所得税の算定式が示されている。

　なお，税額控除は所得控除とは異なる。所得控除は生活のための基礎を考慮して一定額を総所得金額から控除するもので，適用累進税率が相対的に高くなる高所得者の軽減額が大きくなるのに対して，税額控除は算定された所得税額から基本的には課税所得額の多寡を問わず同額を差し引くことになる。現行所得税法の下では，①後述の法人税との二重課税を回避するための配当所得控除と，②外国の所得の二重負担を調整するための外国税額控除がある。

課税最低限　所得税を公平な租税として実現するために，最低生活費免除あるいは課税最低限の設定がなされている。日本では戦前は支払能力のある人からのみ所得税を徴収するという観点から所得税に免税点を設定する免税方式がとられたことがあった。しかし，この方式では免税点前後での不公平が生じてしまう。現在は控除方式を採っており，前述のように様々な所得控除がなされ，課税最低限が決まる。課税最低限はそれ以下の所得の者は担税力がないから課税しないことを示してものといえる。

所得税改革　所得税の利点は次の通りである。所得税は，①経済力に見合った担税力に課税できること，②最低生活費の非課税や累進税率適用による担税力を考慮した課税の公平が実現しやすいこと，③租税転嫁が起こりにくく市場の価格機構に影響を及ぼしにくいこと，④税収の所得弾力性が高くビルトイン・スタビライザーとして経済安定化に資するといったものである。

　けれども，所得税はその問題点を種々あげることができる。①所得が個人に帰属する入口で課税するため，とりわけ勤労所得の場合，働けば働くほど税負担が重くなるため，所得税が労働の阻害要因となってしまう傾向をもつ。また同じような理由で②将来消費に備える手段に過ぎない貯蓄に課税することはおかしいという批判が存在する。そこで，③所得に基づくと能力に応じた公平な課税の実現ができず，むしろ後述のように消費の方が個人の経済力としては望ましいとする批判が出てくる。また，④包括的所得課税が事実上崩壊してしまった現在の日本の所得税制度の下では，利子所得・配当所得などの資産性所得がとりわけ高額所得者に対して軽課される問題が指摘されている。⑤かつてほど声高にいわれなくなっているものの，納税方法の違いによる税務当局による所得種類による捕捉率の違いに基づく不公平な課税が批判されている。

　次に，支出税（総合消費税）についてみておこう。前述のような所得税の問題点を克服するために，税制改革の議論にしばしば登場するのが支出税である。支出税（expenditure tax）はイギリスの経済学者ニコラス・カルドア（Nicholas Kaldor）によって提唱されたもので，個人の年間支出総額（消費額を総合する）を課税ベースとして累進課税する直接税のことである。そのため総合消費税と

呼ばれることもある。つまり、所得税が個人にお金が入ってくるところ（入口）で所得を捕捉し課税するのに対して、支出税は個人からお金が出ていくところ（出口）で消費（支出）を捕捉して課税するものである。所得税か支出税かは、個人が得るか使うかのいずれかでの課税を選択することに違いがあり、個人に対して累進税率を適用する直接税であることは同じである。支出税によれば、勤勉に労働をして所得を得ても、所得を使う段階の消費支出に課税されるだけで、獲得された所得の貯蓄や投資支出は課税対象から当面外される。そのため労働を阻害することも少なく、また貯蓄促進効果や投資促進効果があり、所得税や法人税より優れているというのである。実際に第2次世界大戦後、インドとセイロンで半ば実験的に導入されたが、支出税の最も欠点とされる税務行政の難しさがこの税の存続を阻んだ。すなわち、消費額を総合するためにはその証拠の記録保持と確実な証拠の捕捉が必要であるが、それが実現されるほど税負担は重くなってしまうのである。このカルドアの支出税は現代になり実施されたが古典的支出税といわれる。その後、その改良型の支出税が出て現代的支出税といわれることがあるからであり、1970年代にアメリカのハーバード大学教授で税法学者のアンドリュースが提唱した。しかし、この現代的支出税も定着をみず、世界各国で支出税を採用している国は現在のところ存在しない。

　それでも、各国で問題の多い所得税制の改革をするにあたり、公平な課税は所得課税で達成されるのか消費課税で達成されるかがしばしば議論されてきた。1976年のロディン報告（スウェーデン）、1977年のブループリント（アメリカ）、そして1978年のミード報告（イギリス）が支出税の論議をしたものとして、とりわけ有名である。

　最後に、分類所得税の見直しと二元的所得税についてである。経済的中立性の観点から、分類所得税を支持する見解が最近でもみられる。勤労所得の源泉である労働供給が固定的であるのに対して、消費との選択性を有し、資産性所得の源泉でもある貯蓄は浮動的で弾力的であるため、労働供給より貯蓄の方が所得税の課税の大きさに影響されやすいといえる。こうしたことからすると、労働供給や貯蓄に歪みを与えないように、つまり経済的中立性を維持するため

には，資産所得を軽課し，勤労所得を重課すべきであるという分類所得税の考え方に至る。

これと同様の考え方に，資本所得に低率の比例税率を課し，勤労所得に累進税率を適用するという二元的所得税 (dual income approach of income taxation) がある。1990年代初頭から北欧各国で，経済がグローバル化したことに伴う資本の流動性に対応するべく，国外への資本逃避防止策として導入されたものである。

しかし今日の多様化した経済社会では納税者の多くは多くの種類の所得を同時に獲得している。こうした観点に立つと所得を種類別に分けて課税することがかえって税務行政に困難を突きつけることも考えられる。また，労働供給が固定的で，貯蓄は弾力的であるという前提も必ずしも実証されているわけではないのである。

また最低生活水準とされる貧困線以下にある低所得者に対して，実態は社会保障的な補助金を所得税制度の中で給付することを目論んだものが負の所得税 (negative income tax) がある。貧困対策の一環として1960年代にアメリカでミルトン・フリードマン（Milton Friedman）により提起されたものが有名である。しかし，これを制度として現実化した場合，所得を過少申告する者が出てくるなど，負の所得税を悪用する弊害が生じるとアーノルド・ハーバーガー（Arnold Harberger）は指摘している。こうした社会保障政策は基本的には社会保障給付の充実としてなされるべきであり，またそうした政策は所得税にとどまらず税制全体で考える必要があろう。

2　法人所得税

法人の捉え方

法人税とは　法人税というと，企業所得に対する直接税であるとするこの税の法律的，また表面的な要素を先行させて捉えてしまい，所得の多い大企業ほどこの税を重く課すべきであるという考え方をする人がいる。果たして法人税をそのように決めつけられるか否かは，法人税の本質をしっかりと

掴んでからでなくてはならない。しかし実は，法人税の本質を捉えることは極めて難しいとされている。

　法人税を考えるにあたり，まずこの租税を課せられる法人がいかなるものかを明らかにしなければならない。法人は法律的には，法律上権利義務の主体とされる自然人以外のものとされ，さらに公法人・私法人，等いくつかの分類がされる。したがって，法人は企業より広い概念を指すこととなる。それでも法人は今日，企業形態として最も一般的なものであり，それは株式会社という法人形態で営まれるものが多い。日本の法人税法では，法人の所得（連結所得を含む）・特定信託の所得・退職年金積立金に対する租税を法人税としており，法人税（corporation tax）は大略，法人所得（利潤）に対する租税といえよう。

法人税制小史　　法人税は当初，法人税という税目で単独には課税されておらず，近代的租税をすでに課していた欧米諸国でも所得税の中で個人所得と法人所得が課税されていた。法人税として独立の租税が設定されたのは1920年にドイツで，それまで各州で課税していた所得税を連邦課税とする際に，個人所得に対しては所得税，法人所得に対しては法人税と称したのが初めとされる。日本では1899年の税制改正で所得税を3つの所得に分け，そのうち第1種所得を法人所得としてそれまで非課税であったものを比例税率で課税したのが法人税の萌芽である。その後，いわゆる昭和15年の税制改革（1940年）で，所得税から分離独立して法人税となり前掲の図5-1にみられるように1941年で国税の27.4％を占めていた。1950年のシャウプ税制改革でも所得税とともに国税の主柱の地位を占め続けたが，戦後の経済混乱を反映して国税の14.7％しかなかったものの，高度経済成長期の1970年には33.0％を占めるに至った。

二重課税問題　　この法人所得は，具体的には法人が経済活動により儲けた利潤のうち設備投資や新規事業展開に用いるための資金である内部留保と配当からなる。配当は一方で法人利潤の一部であるが，他方これを受け取る個人段階では個人株主の所得となる。こうしたことから図5-4のように，法人の支払配当に対する法人税と，個人の受取配当に対する所得税が課税されることになり，制度のあり方によっては同じ配当そのものを2度にわたり課税

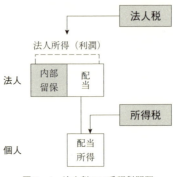

図5-4 法人税の二重課税問題

する二重課税の問題をもたらしてしまうこととなる。しかし法人をいかに捉えるかで，二重課税問題の存否が変わってくるのである。

法人実在説　株式会社は今日，法人の代表的形態であるが，それは株主といわれる多数の出資者から小口資金の提供を受けてそれをもとに専門の経営者が会社経営をしているものである。その規模は大規模となりまた会社の所有者といえる株主はかなりの数存在しているものの，ごくわずかの大株主のみが会社の経営や利益処分に大きな影響をもたらしている。そして，大多数を占める小株主は配当やキャピタル・ゲインの獲得のみを目的としており，会社組織と株主は関係が断たれているという所有と経営の分離が一般的とする見方が支配的になってきている。

　このような観点に立つと，会社である法人と会社を構成する株主等の個人は別物であり，法人は個人と同様に意思と担税力をもった独立の社会的存在とみることができる。こうした法人の捉え方を法人実在説という。この法人実在説によれば，法人の支払配当に対する課税（法人税）と，個人の受取配当に対する課税（所得税）は別人に対する課税ということになり，法人税は法人の担税力に着目して課される独自の租税と位置づけられる。こうした法人所得と個人所得に二重課税を是認する傾向はドイツで主として発達したとされるが，日本では昭和15年の税制改革で創設された法人税は法人実在説に基づいて課税されていた。

法人擬制説　これに対して，法人は単に株主等個人の集合体であって法人自体は何ら実態がないものの法律上は権利義務の主体である（擬制）とみなす法人擬制説がある。

　今日，経済社会は高度に複雑化しており，法人擬制説をとる意義に疑問が投げかけられている。具体的には，①後述の法人税転嫁の問題である。法人税が転嫁するとした場合，法人税は所得税の前取りであるという根拠が大きく崩れることとなる。また②前述のとおりとりわけ大企業では所有と経営が分離され，法人が個人の集合とはいい難いこと，そして③後述する法人成りの現状等がある。けれども，主要先進国ではアメリカ等を除いた多くの国で，法人擬制説を採用している。これによると，法人利潤の一部である配当は法人段階では個人の集合体に帰属している所得であり，また個人段階に分配されると個人所得となり，同一所得がそれぞれの段階で計2回課税される二重課税の問題が生じてしまうことになる。それを回避するためには，法人税は所得税の前取りであるという考え方をとる必要があり，具体的には，法人段階で課税したものには個人段階では課税しない，逆に個人段階で課税したものには法人段階では課税しないという手法を用いなければならなくなる。このように二重課税を否定する傾向は主としてイギリスで発達し，フランスでもこの立場をとる傾向が強かったとされる。シャウプ勧告では「法人は，与えられた事業を遂行するための個人の集合である」としたが，それに基づく税制改革に現行制度の起源がある日本の法人税はこの法人擬制説に基づいて課税されている。

法人擬制説を採用した場合の二重課税の排除　法人擬制説に立脚した法人税は所得税の前取りであるとする考え方をとるが，二重課税を回避するためには，法人税と所得税を統合して課税する姿を考える必要が出てくる。その姿は，①法人が配当を支払う段階で調整する方式と，②法人から配当を受け取る個人等の段階で調整する方式にまず大別される。

　①法人が配当を支払う段階で調整する方式はさらに2つに分けられるが，1つはⓐ支払法人の段階では課税しないで配当を受け取った個人等の段階で全額課税するもので配当損金算入方式とよばれる。いま1つはⓑ法人所得としての

配当を内部留保より軽課する配当軽課方式である。この軽課がゼロになると①ⓐの配当損金算入方式となる。

そして，②法人から配当を受け取る個人等の段階で調整する方式もさらに2つに分けられるが，第1はⓐ受取配当，また受取配当相応の法人税額の全部または一部を個人株主の所得に加算して税額を求めた上で，その求められた税額から加算した法人税額を控除するという法人税株主帰属方式あるいはインピューテーション方式とよばれるものである。この方式はかつてEU諸国の法人税統合のモデルとされていたが，ドイツでは2002年から受取配当の2分の1を控除する制度に変わり，フランスでも2004年から受取配当一部控除方式に変わった。第2の方式はⓑ個人の受取配当の一定割合あるいは一定額を所得税額から控除するもので配当税額控除方式とよばれるものである。この方式は特定の所得階層に照準をあてての二重課税を完全に控除することが可能であるものの，巨額の配当を手にするほど控除できる一定割合の金額が高くなり，所得階層が上がるにつれて二重課税の排除に必要とされる額を超えて税負担が軽くなってしまう。逆に所得階層が下がるにつれて二重課税の排除のための金額が低くなるという問題をはらんでいる。日本では現在，上場株式等の配当は，源泉徴収されており確定申告不用となるか，あるいは総合課税を選択することとなっている。後者の場合，個人株主段階で配当税額控除方式を採用して二重課税を調整しており，法人間の配当については2015年度改正以降，持株割合に応じて益金不算入としている。

これらに加えて，法人税と所得税の完全統合を目指す方式がある。それは，③一方で法人所得には所得税の最高税率で課税し，他方で課税前法人所得のうち配当だけでなく内部留保もすべて持株数等に応じて株主に帰属計算し，課税前法人所得を個人株主の所得に上積みして所得税額を算定し，算定された所得税額からその法人税相当額を控除するというものである。この所得税と法人税の完全統合方式は，1966年のカナダ王立委員会提案の，いわゆるカーター方式である。この方式によれば，法人税は所得税の前取りとして存在し，所得税率の最高税率に至らない実効税率の低い株主等に対しては法人税の還付が行われ，

二重課税が完全に排除される。しかし，所有と経営の分離が一般的な今日の法人では株主数が多く，適用が技術的に難しいなどの問題が指摘されている。

益金・損金と法人税

法人所得の算定　　法人税の課税物件は法人所得であり，それは法人が経済活動により儲けた成果としての利潤である。そして法人税法では，法人税の課税標準を「法人の各事業年度の所得の金額」，つまり法人所得としている。

　こうした法人所得の概念として国際的に支配的な学説はすでに述べた経済力増加説ないし純資産増加説である。日本の法人税法も包括的所得概念をとり，純資産増加説を基底とした算定方式を採用している。すなわち，法人の各事業年度の所得の金額を，具体的には「当該年度の益金の額から当該年度の損金の額を控除した金額（益金－損金）」とし，所得金額を確定する積極的要素である益金の額と消極的要素である損金の額との差額を法人税法上の所得としているのである。

益金の算定　　法人税を課税するにあたり法人税法は課税所得を確定することを重要な課題としている。その際，図5-5に示されているように，法人税法で規定される益金と損金が，一般に認識される収益と費用ないし損失とずれていることに気を配る必要がある。一般に認識される収益と費用は，法人税法ではなく，会計学で学ぶ企業会計で用いられるものにより近いとされるが，図5-5(2)にあるように，まず①一般の認識では収益とみられるものの，法人税法上は益金としない益金不算入の取扱いとする収益・非益金がある。ⓐ法人が他の法人から受け取る配当は二重課税の問題を引き起こす。二重課税排除の立場からは法人受取配当を益金不算入とする必要があり，二重課税是認の立場からは益金算入となる。日本では前者の取扱いをしているが，法人間の株の持ち合いを促進するので制限ないし廃止すべきであるという見解がある。またⓑ資産価値の増加である資産評価益は純資産増加説によれば所得として発生しており課税されるべきであるが，現実には資産売却により利益が実現されて

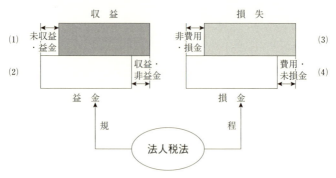

図 5 - 5　法人税法での益金・損金と収益・損失の違い

いないかぎり未実現利益であり、益金には含めるべきでないとも考えられる。日本では後者を採用している。これに対して、図 5 - 5(1)にみられるように②一般の認識では収益とみられないものの、法人税法上は益金とする益金算入の取扱いとする未収益・益金がある。具体的にはⓐ法人税額から控除する外国子会社の外国税額、ⓑ内国法人に係る特定外国子会社等の留保金額がある。

損金の算定　法人所得（利潤）を算定するいま 1 つの要素である損金は、一般に費用ないし損失と認識されるものが基盤となり算定される。例えば、減価償却（depreciation）があげられる。これは、企業の生産に寄与する設備資産等がその使用や時の経過とともにその価値が減少（減価）するため、それらを耐用年数に応じて取得価格の一定割合を積み立て、その更新に充てるものである。償却方法は減価償却資産の種類別に納税者が選定できる方法を定めているが、耐用年数に応じて毎年度同額の償却額を計上する定額法と毎年度同率で償却費を計上する定率法がある。このほか、初年度特別償却や割増償却などがある。こうした償却方法は設備投資を促進するために通常よりも多額の減価償却費の損金算入を認めて、設備更新時の租税負担を軽減するという政策目的を有している。戦後日本の割増償却や昭和末期のアメリカでのレーガン税制改革による加速度償却はその典型例といえる。

しかし、法人税課税にあたっては法人税法に基づいて一般に認識する費用ないし損失との調整を要する場合が出てくる。図 5 - 5(4)にあるように、まず①

一般の認識では費用とみられるものの，法人税法上は損金としない損金不算入の取扱いとする費用・未損金がある。ⓐ減価償却超過額，ⓑ資産の評価損，ⓒ特定の役員給与・過大な使用人給与等，ⓓ寄附金，ⓔ交際費等，ⓕ不正行為等に係る費用等，ⓖ法人税額等，ⓗ海外親会社等へ支払う過大な利子といったものである。また図5－5(3)のように，②一般の認識では費用でみられないものの，法人税法上は損金とされる損金算入の取扱いとする非費用・損金がある。具体的には，ⓐ各種の特別償却，ⓑ圧縮記帳による圧縮額，ⓒ繰越欠損金，ⓓ特定基金に対する負担金等，ⓔ各種準備金，ⓕ協同組合等の事業分量配当等がある。

法人課税と税率

法人税の税率　法人税率は各国で基本的に比例税率となっている。これは①法人税が所得税の前取りであり，源泉徴収税としてできるだけ簡素であるべきということ，②法人には生活最低費免除の根拠がなく，限界効用や犠牲の逓減という理論が適用されないこと，③二重課税の調整にあたり比例税率の方が調整しやすいということ，④累進税率は消費者としての個人の所得分配の格差を考慮した負担公平論に基づくものであり，企業組織には本来なじむものではないことがその理由とされている。日本の法人税率も，表5－2にみられるように，税率の増減はあるものの，同種の法人内では基本的に比例税率が採用されてきている。

　ただし法人実在説に立脚した場合には，法人の負担能力に応じて累進税率をかけることは不当でないとする見解がある。企業の担税力が法人所得と対応するならば累進税率は正当化される。しかし法人所得よりも資本収益率（法人所得／法人資本）の方が担税力をより正確に反映するかもしれない。この場合，法人資本には自己資本，自己資本に他人資本を含めた総資本など指標が様々あること，中小企業政策や産業政策の観点から税率には各種の配慮が必要であり，合理的な法人税率を確立するためには実際上難しい。

表5-2 日本の法人税率の変遷

区分		昭和63年度(抜本改正前)	平成2年度(抜本改正後)	平成10年度(法人税制改革後)	平成11年度(改正後)	平成21年度(改正後)	平成22年度(改正後)	平成24年度(改正後)	平成27年度(改正後)	平成28年度(改正後)	平成29年度(改正後)	平成30年度(改正後)
普通法人	留保分	42	}37.5	}34.5	}30	30	30	25.5	23.9	23.4	23.4	23.2
	配当分	32										
中小法人の軽減税率(年所得800万円以下部分)	留保分	30	}28	}25	}22	18	18(注1)	15(注1)	15(注1)	15(注1)	19(注1)	15(注1)
	配当分	24										
協同組合等	留保分	27	}27	}25	}22	22(注2)	22(注2)	19(注2)	19(注2)	19(注2)	19(注2)	19(注2)
	配当分	22										
公益法人等 特定医療法人		27	27	25	22	22又は30(注2)	22又は30(注2)	19又は25.5(注2)	19又は23.9(注2)	19又は23.4(注2)	19又は23.4(注2)	19又は23.2(注2)

(注1) 資本金の額等が5億円以上である法人等との間にその法人等による完全支配関係があるもの等を除く。
(注2) 年所得800万円までは15%。
(出所) 『図説日本の税制』財経詳報社, 各年版。

法人実効税率　グローバル化が進展し, 高い法人税課税による自国企業の国外流出や国内投資資金不足を回避すべく, 各国で法人税制の共通化への道をたどりつつある。1980年代半ばにイギリスとアメリカが法人税率を35%前後に引き下げたのを皮切りに, 表5-2のように, 日本でも1990（平成2）年度に国税法人税は37.5%に引き下げられたが, 地方法人税と合わせた税率は約50%にとどまっていた。そのため日本企業の国際競争力を高める観点から近年, 課税ベースを拡大させつつ法人税率の引き下げが進められている。表5-2にみられるように, 2019（平成31）年度改正では税率は23.2%となっている。現在, 法人の3分の2は欠損法人（赤字）と経理され法人税を支払っていないが, 近年の法人税率引き下げは大企業優遇というよりも, こうした経済のグローバル化が大きく影響しているといえる。

日本の場合, 法人課税は国税にとどまらず法人住民税と事業税といういわゆる地方法人二税が存在している。したがって, 法人課税を国際比較する場合, 地方法人二税も含めた税率を考える必要が出てくる。図5-6は法人税の実効税率を国際比較したものである。その場合, 税法上の特別措置の影響を除いたときの課税標準の実質的な税負担率とされる実効税率（effective tax rate）がよく用いられる。しかし実効税率の捉え方はいくつかの説あり, どれを採るべきか一義的な解答を見出せないというのが現実である。本書では一般によく用い

第5章　所得税と法人税

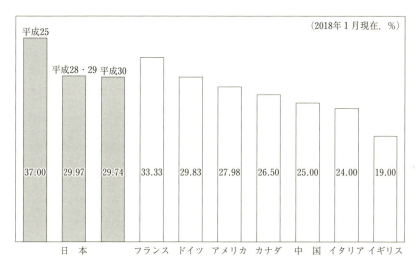

図5-6　法人税の実効税率の国際比較

(注1)　法人所得に対する税率(国税・地方税)。地方税は,日本は標準税率,アメリカはカリフォルニア州,ドイツは全国平均,カナダはオンタリオ州。フランスについては,課税所得のうち50万ユーロ以下の部分の税率は28%。なお,法人所得に対する税負担の一部が損金算入される場合は,その調整後の税率を表示。
(注2)　フランスにおいては,2018年から税率を段階的に引き下げ,2022年には25%となる予定。イギリスにおいては,2020年度から17%に引き下げる予定。
(出所)　財務省資料。

られる財務省の算定する法人実効税率を紹介しておく。日本で課税される法人所得は法人税(国税),法人事業税(地方),法人住民税(地方)である。ここから,法人課税は［法人税率・課税所得］(＝法人税額)＋｛住民税率・［法人税率・課税所得(＝法人税額)］｝(＝法人住民税額)＋［事業税率・課税所得］(＝事業税)となされる。法人税と事業税は課税所得に各税率を乗じているが,法人住民税は法人税額に税率をかけている。そのため,その違いを考慮して税率だけを取り出すと［法人税率＋法人税率×住民税率＋事業税率］＝［法人税率×(1＋住民税率)＋事業税率］が課税標準である課税所得に対する合計税率となる。これら法人税,法人事業税,法人住民税のうち,法人事業税は法人税の支払事業年度の課税所得を算定するにあたり損金算入がされる。そのため利子を割り戻すときの計算のように,課税所得を(1＋事業税率)で割れば,事業税を損金算入し

た法人の課税所得となる。こうした複雑な操作をして，

$$法人実効税率＝\frac{［法人税率×（1＋住民税率）＋事業税率］}{（1＋事業税率）}$$

という式を導き出して，これを法人課税の実効税率としている。

　前述のとおり事業税の損金算入は負担軽減措置であり，そもそもの実効税率の定義に沿って，課税標準である課税所得を求めている。けれども各種の準備金，引当金，特別償却，法人受取配当非課税なども負担軽減措置であり，これらを含めていないことによる問題点が指摘されている。そのため実効税率という場合，そこで示されている実効税率の実態がどのようなものかを吟味したうえで注意深く考察しなければならない。

租税特別措置　租税特別措置（special taxation measures）は経済政策，社会政策，その他の特定の政策目的を実現するための政策手段として用いられるもので，特定の要件について租税を軽減したり重課したりする例外措置のことである。法人税法では日本の産業競争力の強化，中小企業等の投資の促進・経営基盤の強化などの政策目的によりそうした特例を設けている。法人税に関する租税特別措置は3つに分類することができる。

　第1に，法人税の軽減である。①法人の技術開発を奨励するための試験研究に関する法人税額の特別控除（税額控除），②中小企業者等が機械等を取得した場合の特別償却又は法人税額の特別控除，③中小企業の税負担を軽減するための中小企業者等の法人税率の特例，④法人が得意先・仕入先等の接待・供応・慰安・贈答等に支出するものを交際費等とよぶが，事業と直接関係があるものは損金に算入すべきである。けれども，無制限にそれを認めると法人の冗費や乱費を招くおそれがある。そうした観点から，法人の資本金等の状況に区分された交際費等の損金不算入などがある。

　第2に，法人税の課税繰延べである。①前述のとおり，政策目的達成のために認めている普通償却額を超えて償却を行う特別償却，②積立額の一定限度内の損金算入を認める準備金，③補助目的を達成するために，補助金等の特定収

益で取得・改良した固定資産の取得額を特定収益分減額して帳簿価額をつけて，減額分を損金に算入するという圧縮記帳などがある。

　第3に，課税の適正化による増収効果に関してである。①交際費課税制度，②国内企業が国外関連企業と取引を行う際に設定する価格である移転価格が，第三者との通常の取引価格と異なる価格である独立企業間価格を設定したことで，その所得が減少した場合，法人税の課税に際して，取引価格を移転価格から独立企業間価格に置き直して課税所得を再計算するという移転価格税制（1976年導入），③法人所得等に対する税負担がゼロないし極端に低い国または地域のことをタックス・ヘイブン（tax haven）というが，こうしたタックス・ヘイブンを利用した租税回避ないし軽減に対処するタックス・ヘイブン対策税制（1978年導入）がある。

法人税の転嫁問題　現代財政学を牽引してきたアメリカで，1960年代に法人税が転嫁するという衝撃的研究成果が続々と発表された。ここでは代表的なものを2つ紹介する。

　まず，ハーバーガーの分析を紹介しよう。ハーバーガーは世界で初めて一般均衡分析により法人税転嫁を明らかにした。今日それはハーバーガー・モデルといわれ，様々な租税の転嫁を一般均衡分析で語る際の基盤となっている。ハーバーガー・モデルを概観すると，経済全体の生産を法人部門と非法人部門で行う等，まず分析の枠組みを設定する。そこで法人税を課税することになるが，その際に，両部門の資本収益率が均等化されることが当該経済を均衡させるために重要であると考える。そして様々な場合を検討する。例えば封鎖経済で，法人税課税後も両部門で資本収益率を均等化させるには，図5-7のように，法人部門への法人税課税前に法人税を反映した分，課税前資本収益率を引き上げておくことが求められる。それは究極的には，法人税分は法人部門の生産物の需要者，すなわち消費者に前転（前方転嫁）され負担されることになる。このほか開放経済では，法人税賦課により国際資本市場が原因となり資本収益率を変化させたり，国際生産物市場が原因となり生産物価格を変化させたりできず，租税支払は労働力への支払で吸収緩和されるしかなく，労働者に法人税が

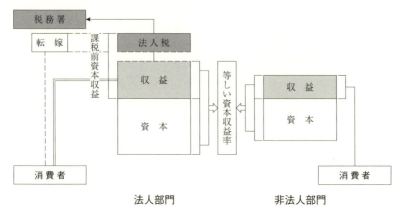

図5-7 ハーバーガー・モデル（封鎖経済の例）

後転（後方転嫁）されるとしている。このように法人税は直接税であり、納税義務者である企業が負担するという表面的な法人税負担論を信奉し続けてきた世界に対して、この法人税転嫁論は激震を与えたのであった。今日では法人税が転嫁することは財政学を学んだ者であれば常識となっているが、そうした知識はこれからの税制改革を進めの際に、主権者としての国民の声を生かす源として活用しなければなるまい。

次に、クルジザニアークとマスグレイブの分析についてである。ハーバーガーとほぼ同時期に法人税転嫁の実証分析に計量経済学の手法を導入して研究したのがK-Mモデルといわれる、クルジザニアークとマスグレイブの共同研究である。彼らはこのモデルで、法人が法人税率を引き上げたとしても、税率引き上げ以上に資本収益率を高めることで法人税が100％以上転嫁するという結果を導いたのであった。

法人税改革　地方法人二税のあり方であるが、シャウプ勧告で都道府県税の主軸に据えられた附加価値税（value-added tax）を廃止したことで、前述したシャウプ勧告の警告のとおり、租税体系に大きな歪みが生まれてしまった。そのため、附加価値税の代替的地位に事業税（business tax）が創設された。しかし、そもそも地方は教育、福祉、その他生活関連資本の整備などをそ

の任務とするため，地方税にふさわしい租税は税源が地域的に遍在しないこと（普遍性原則），税収が景気の影響を受けにくい租税であること（安定性原則）を満たすものを基幹税とする必要がある。ところが置き換えられた事業税は法人税付加税の性格を有しており，地域偏在と税収の景気変動が著しい法人所得を課税対象としている。こうした観点から，事業税の課税対象を収入金額，資本金，建物面積，従業員数等，あるいはそれらの適切な組み合わせによる外形基準に基づく外形標準課税（taxation by the size of business）に転換すべきであるという改革意見がある。平成に入り東京都の銀行税騒動を経て，その一部が実現されている。

　次に，法人税課税存続の意義について説明しよう。法人税は難しい租税であり廃止を主張する見解もある。けれども法人税研究の大家であるハーバーガーは，とりわけ発展途上国では，多国籍企業への法人税，地元企業の独占利潤への法人税について税収確保の観点からその存続を主張している。自国で発生した多国籍企業の法人所得に対して法人税を課さなくなってもそれはその本国で課税することになり，結果として多国籍企業の本国への租税贈与となってしまうだけだからである。また，競争の規律を維持するためには独占利潤に相応の課税が求められるのである。

　多国籍企業と独占利潤からの法人税収を維持するために法人税の望ましからざる結果を矯正するという方策を提言している。法人税と所得税を完全統合した，いわゆるカーター方式は，株式所有者が年度内で変更された場合の所得の期間帰属の問題等が生じ現実的対応の難しさがある。そのために，法人税と所得税を部分統合して，所得税の最高税率と等しい法人税率を設定して法人税を課税し，個人段階では配当に税をかけないとする方式をハーバーガーは推奨している。

　さて，法人税に関して，日本では家族給与の課税の違いが会社組織の選択に大きな影響を及ぼしてきている。経営体を法人企業化すれば個人企業の場合と異なり，家族従業員も組織上は役員ないし雇用者となる。そのため，支払い給与を全額損金に算入することが可能となっている。また会議費と称してこれも

損金に算入することも可能である。このような所得税に比べた法人税のうまみを得るために，小規模個人企業までもが組織的には同族法人企業に形式的に衣替えしたことを法人成り（incorporation）という。この法人成りによる問題点はしばしば指摘されているが，一進一退を繰り返している感を拭えないでいる。

参考文献
池上岳彦編『現代財政を学ぶ』有斐閣，2015年。
大川政三・池田浩太郎編『新財政論』有斐閣，1986年。
片桐正俊編著『財政学』（第3版）東洋経済新報社，2014年。
金澤史男編『財政学』有斐閣，2005年。
木下和夫監修・大阪大学財政研究会訳『マスグレイブ財政学（Ⅰ・Ⅱ・Ⅲ）』有斐閣，1984年（Musgrave, R. A. and Musgrave, P. B., *Public Finance in Theory and Practice* (3rd ed), McGraw-Hill, 1980）。
佐藤進『現代税制論』日本評論社，1970年。
佐藤進・関口浩『財政学入門』（改訂14版）同文舘，2018年。
佐藤進・宮島洋『財政』東洋経済新報社，1983年。
関口浩訳『費用便益分析入門——ハーバーガー経済学・財政学の神髄』法政大学出版局，2018年（Harberger, A. C., *Introduction to Cost-Benefit Analysis,* UCLA Materials, 2008）。
武田隆二『法人税法精説』森山書店，2002年。
宮島洋『租税論の展開と日本の税制』日本評論社，1986年。
藪下史郎訳『公共経済学（上・下）』（第2版）東洋経済新報社，2004年（Stiglitz, J. E., *Economics of Public Sector* (3rd ed), W. W. Norton & Company 2000）。

練習問題
問題1
所得概念を説明し，包括的所得税及び分類所得税についてその利点と問題点を指摘せよ。

問題2
法人税の根拠とその基本的仕組みを説明せよ。

問題 3
法人税の転嫁の問題を考察し,今後の税制改革の方向性と合わせて意見をまとめよ。

(関口　浩)

第6章
消費課税と資産課税

> **本章のねらい**
>
> 前章では，所得税と法人税に関する理論や歴史，制度などについて解説した。所得課税と並んで，わが国の租税収入の中で大きな地位を占めているのが，消費税や酒税，たばこ税などといった消費財への課税であり，相続税，贈与税，固定資産税などといった資産課税である。本章では，消費と資産への課税の特徴を整理し，現行制度を解説する。同時に，消費課税と資産課税に関する現行制度の課題を明らかにし，税収の実情を明らかにする。

1　消費課税

　消費課税とは，消費を課税対象とする租税のことである。消費課税といっても，様々な形態が存在するため，まず消費課税の種類と特徴について整理する。次に，日本の消費税の仕組みを解説すると同時に，改革の方向性を示す。そして，日本の個別消費税の税目と仕組みを説明する。最後に，わが国の消費課税の税収の実情を解説する。

消費課税の体系

　一般に，消費課税は，租税負担の転嫁の有無，課税ベース，課税段階により，図6-1のように分類することができる。

直接消費税と間接消費税　消費課税は，転嫁の有無により，直接消費税と間接消費税に大きく分類される。直接消費税とは，消費の最終段階において消

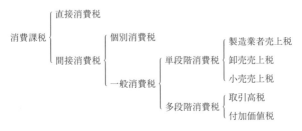

図6-1　消費課税の体系

費者に課税するものであり，転嫁のない消費課税である。直接消費税の代表的なものは，カルドアにより提唱された総合消費税（支出税）である。総合消費税は，ある一定期間の個人の消費支出に対して累進的に課税する直接税であり，理論的には優れた租税であるが，税務行政上，実施が極めて困難であるため，実際の消費課税体系は，間接消費税が中心である。

　間接消費税とは，消費の最終段階よりも前の段階において課税するものであり，価格をつうじて最終的に消費者に転嫁が予定されている租税である。間接消費税は，所得に関係なく消費の大きさが等しい人びとに等しい負担を課すため，租税負担の水平的公平を確保する点で優れている。一方で，納税者の個別事情を配慮しにくく，累進的な負担などの設計ができない逆進的な税であるため，垂直的公平を確保できないという問題がある。

個別消費税と一般消費税　間接消費税は，課税ベースにより，さらに個別消費税と一般消費税に分類できる。個別消費税とは，酒，たばこ，燃料など，特定の財・サービスの消費を課税対象とする消費課税である。個別消費税は，特定の政策目的との関連において意義をもつ。例えば，酒税やたばこ税は，課税によって価格を上昇させることにより，消費を抑制させる禁止的な税としての役割を果たしている。また，原油，石炭などに対する課税は，公害などの外部不経済の社会的費用を内部化することで，事実上の環境税として機能している。さらに，自動車のガソリンに対する課税は，道路関連支出と関連づけることにより目的税の創設の根拠となっている。

　他方，一般消費税は，原則としてあらゆる財・サービスの消費を課税対象と

する。一般消費税は，取引段階で発生する売上や付加価値などの金額表示を課税標準とする従価税である。幅広い課税ベースをもつ一般消費税は，多くの税収が期待できる。また，個別消費税と比べて，財・サービスの選択を歪めないという資源配分の点から優れている。

このように個別消費税と一般消費税は異なる長所をもつことから，通常，どの国の消費課税体系でも，両者が併存した形態が採られている。わが国においても，消費税・地方消費税といった一般消費税が導入されているかたわらで，酒税やたばこ税，揮発油税，地方揮発油税，石油ガス税，石油石炭税，航空機燃料税などの個別消費税が存在している。

単段階消費税と多段階消費税 一般消費税をさらに類型化すると，課税段階により，単段階消費税と多段階消費税とに区分できる。通常，財・サービスの取引は，製造段階，卸売段階，小売段階を経る。このうち1つの取引の段階でのみ課税されるのが単段階消費税である。単段階消費税は，原則としてすべての消費財に対して，製造段階のみに課税する製造業者売上税，卸売業者が小売業者に販売する卸売段階のみに課税する卸売売上税，小売業者が消費者に販売する小売段階のみに課税する小売売上税に類型化される。

単段階消費税は，財・サービスに対して何度も課税することがないため，税に税が課される，いわゆる累積課税の問題が生じないという利点をもっている。一方で，小売段階以外の売上税は課税ベースが狭いこと，そしていずれの段階においても売上の把握が困難であることから，現在では，アメリカやカナダの州で小売売上税が採用されているが，単段階消費税を採用している国は少ない。

これに対し，複数の段階で課税されるのが多段階課税であり，すべての取引段階の売上を課税標準とするのが取引高税である。取引高税は，多段階に課税するため，低い税率で多くの税収が期待できる。一方で，売上そのものが課税標準となるため，前段階での税額が控除されず，累積課税の問題が生じる。したがって，多くの取引過程を経るほど，税込価格は高くなる。このため，取引高税は，企業の垂直的統合の誘因となり，資源配分上に効率性のロスを生じさせることになる。また，同じ財でも取引段階数によって含まれる税額が異な

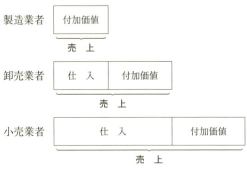

図6-2 付加価値税の課税ベース

と,輸出入の際に国境税調整が困難になるという問題も抱えている。ちなみに,わが国では1948年9月に取引高税が導入されたが,シャウプ勧告により累積課税の問題や納税手続きの煩雑さなどが指摘され,1949年12月に廃止された。

多段階課税でありながら,取引高税の弊害を回避するために考案されたのが付加価値税である。付加価値税とは,売上そのものではなく,一定期間に生産された付加価値(売上−仕入)を課税ベースとする一般消費税である(図6-2)。

付加価値税は,付加価値の設定範囲や算定の仕方により,特徴が若干異なる。まず,付加価値税は,仕入の範囲の設定によって,GNP型,所得型,消費型に分類できる。まず,課税ベースを消費財と資本財とするのが,GNP型付加価値税と所得型付加価値税である。両者の違いは,前者が減価償却費にあたる部分を控除しない粗投資を含めるのに対して,後者は減価償却費を控除した純投資のみを課税標準に含める点である。一方で,消費財のみを課税ベースとするのが消費型付加価値税である。消費型付加価値税は,資本財が課税の対象から外されることにより,生産方法の選択(労働と資本の選択)に関して中立的となる。EUで採用されている付加価値税やわが国の消費税が,この消費型付加価値税である。

また,付加価値の算定方法には,付加価値を賃金・利子・地代・利潤の合計額とする加算法,売上価格から仕入価格を直接差し引いた額とする控除法があるが,現在,付加価値税を導入している大部分の国では仕入税額控除法が用い

られている。仕入税額控除法とは，売上価格に税率を乗じた額から，仕入価格に含まれる前段階の税額を控除することにより納税額を算定する方法である。

付加価値税の算定方法に仕入税額控除法を用いることにより，課税ベースから前段階の税額を排除することができ，累積課税の問題を解決することができる。また，取引高税と比べて，仕入価格に含まれている税額を正確に算定することができるため，輸出入取引に当たって，国境税調整を比較的正確に行うことができる。このように付加価値税は，前段階の租税負担を課税ベースから排除することにより，取引高税の弱点を克服することができる。

付加価値税は1954年にフランスにおいて導入されて以降，現在，世界のおよそ150の国で採用されるようになった。1989年にわが国で導入された消費税も，この仕入税額控除法を用いた消費型付加価値税である。

消費税の仕組み

シャウプ勧告に基づいた戦後のわが国の租税体系は，所得課税をはじめとした直接税が中心であり，1988年度まで，日本の間接税は個別消費税のみであった。しかし，こうした租税体系は，戦後の急激な経済社会の構造変化に伴い，様々な問題が顕在化するようになる。とりわけ，1973年秋に起きた第1次石油危機により，直接税中心の租税体系からの転換が求められるようになる。

第1次石油危機前では，各国の経済は順調に成長していたため，税制は垂直的公平の確保に重きが置かれていた。しかし，第1次石油危機以降，各国は経済が停滞し，市場優位の租税体系が要請されるようになり，租税負担については垂直的公平ばかりでなく水平的公平が重要視されるようになった。また，租税負担と勤労意欲との関係に対する関心も高まった。

わが国では，1975年度以降の歳入構造の悪化に伴い，消費全般に，広く，薄く，負担を求める一般消費税の導入が検討されるようになった。1979年に大平内閣において一般消費税（仮称）として提案され，そして1987年の中曽根内閣による売上税構想を経て，1989年4月に竹下内閣の下で消費税が導入された。以下では，わが国の消費税の仕組みと課題について解説する。

表6-1 消費税の算定

(単位:円)

	製造業者	卸売業者	小売業者	消費者
売　上	10,000	24,000	40,000	40,000
①売上消費税額	800	1,920	3,200	3,200
仕　入	—	10,000	24,000	
②仕入消費税額	—	800	1,920	
納税額（①-②）	800	1,120	1,280	
付加価値（売上-仕入）	10,000	14,000	16,000	

消費税の算定　わが国の消費税は，仕入税額控除法を用いた消費型付加価値税である。消費税の基本的な流れと各段階における納付税額の計算方法を説明しよう。

表6-1は，仕入税額控除法を用いた場合の各取引段階での付加価値税の納税額を示したものである。例えば，卸売業者は，10,000円の製品を仕入れる際に，その8％の800円が仕入消費税額となり，その製品を24,000円で販売した場合，その8％の1,920円が消費税額となる。この場合，消費税額1,920円から仕入消費税額800円を差し引いた1,120円が卸売業者の納税額となる。表6-1から，各事業者の納税額は，各取引段階での付加価値のみに課税されており，各事業者が支払う消費税額の合計額が最終消費者の支払額と等しくなることがわかる。このことは，流通過程が何段階になっても同じである。

課税方式　わが国の消費税の課税対象は，国内において事業者（個人事業者及び法人）が行った資産の譲渡等及び特定仕入れ（国内取引），そして保税地域から引き取られる外国貨物（輸入取引）である。消費税の納税義務者は，日本国内において課税資産の譲渡等（特定資産の譲渡等に該当するものを除く）事業を行った事業者，そして課税貨物を保税地域から引き取った者である。

課税標準の金額は，課税期間中に，国内で行った課税資産の譲渡等のうち，免税取引とされるものを除いた課税資産の譲渡等に係る課税標準である金額，そして国内で行った特定課税仕入れに係る課税標準である金額の合計額である。

消費税の税額算定方法は仕入税額控除法である。仕入税額控除法には，仕入

れた財の品名，数量，価格等が示されたインボイス（仕送状）に記載された税額を控除するインボイス方式と，インボイスの記載を要件とせず帳簿などに基づき仕入れの総額に税率を乗じた額を控除する帳簿方式がある。EU加盟国はインボイス方式を採用しており，多くのOECD諸国もそれに倣っている。このため，インボイス方式を用いた消費型付加価値税はEU型付加価値税とよばれている。

一方，わが国は帳簿方式を採用している。帳簿方式は，各事業者の帳簿上における金額のみで税額が算定されるため，インボイス方式と比べ，納税手続きが簡素化されるという利点をもつが，インボイス方式のように取引業者間でのクロス・チェック機能が働かないため，租税回避の機会を与えやすく，商品等の購入者が負担した税額の一部が納税されず事業者の収益に転じてしまう可能性が考えられる。このいわゆる益税問題に対処するために，帳簿方式で出発したわが国の消費税は，現在ではインボイスに変わる書類の保存を義務付ける請求書等保存方式（修正帳簿方式）を採用している。同方式は形式的にはインボイス方式に似ているが実質的に大きな違いがある。請求書等保存方式は，請求書に事業者番号がついていないためクロス・チェックが困難であること，免税事業者からの仕入れであっても控除が可能であることなどの問題があるため，完全なインボイス方式の導入が不可欠である。

非課税措置　消費税は，一定期間の経済行為によって発生する付加価値のすべてを課税対象とするわけではなく，いくつかの理由で非課税措置が採られている。非課税措置は，事業者免税点制度と非課税取引の設定に大別される。

第1の事業者免税点制度とは，中小事業者を課税の対象から除外するために設けられた制度である。1989年4月の消費税導入時には，基準期間（個人事業者はその前々年，法人はその事業年度の前々事業年度）の課税売上高が3,000万円以下の事業者には納税義務が免除されることとなっていた。その後，制度改正を経て，課税売上高が1,000万円以下の事業者が免税となった。

事業者免税点制度は，小規模事業者の事務負担や税務行政コストへの配慮か

ら必要な措置ではあるが，非課税の水準が高すぎると非課税業者の数が多くなり，税制に歪みを与えることになる。また，小規模事業者が税込価格で販売するとき，消費者からすると消費税を事業者が取り込むのではないかとの疑問が生じることになる。こうしたことから，免税点の水準は，できるだけ低い水準に設定すべきである。

　第2の非課税措置は，非課税取引の設定であり，付加価値の概念になじまない金融・保険，土地の譲渡・貸付け，行政サービス手数料や，社会的に見て価値が高いとみなされる社会保険医療，教育，社会福祉などが対象となる。

　非課税取引の設定は，ある品目を非課税にすると，代替財である別の課税品目との間に代替効果が発生することになり，資源配分上しばしば歪みを生じさせることになる。また，仕入価格に含まれる税額が控除されないため，生産，流通の中間段階における非課税取引は，累積課税の問題を引き起こすことになる。累積課税の問題は，標準税率を適用せずにゼロ税率により回避することはできるが，非課税品目をできる限り少なくすることが重要である。

簡易課税制度

　課税標準の算定において，経理処理上，売上より仕入の把握の方がはるかに困難であるとされている。仕入を正確に把握するためには，事業者は日常的に会計上の記帳を行う必要があるが，一般に中小事業者にこの商慣習を法律によって強要することは難しい。こうした中小事業者の納税事務負担を軽減するために考案されたのが，売上から仕入を推定する簡易課税制度である。

　現在，わが国では，前々年の年間課税売上高が5,000万円以下の事業者には，課税売上高を基に仕入控除税額を計算できる簡易課税制度の採用を選択することが認められている。具体的には，課税期間における課税売上げに係る消費税額にみなし仕入率を乗じた金額を，課税仕入れに係る消費税額の合計額とみなして控除することができる。なお，みなし仕入率は，第1種事業（卸売業）については売上の90％，第2種事業（小売業）80％，第3種事業（製造業等）70％，第4種事業（その他の事業）60％，第5種事業（サービス業等）50％，第6種事業（不動産業）40％である。

簡易課税制度の問題点としては，国や地方に納付するべき消費税を事業者が取り込むといういわゆる益税問題がある。すなわち，ある事業者のみなし仕入率が実際の仕入率よりも高い場合，事業者は本来納付すべき税額と簡易課税制度を選択した場合に納付すればよい税額との差額が，事業者の収益に転じてしまう可能性がある。

簡易課税制度は，創設当初は年間売上高5億円以下であった適用要件の引き下げ，卸売業90％，その他80％という2分類であったみなし仕入率の細分化，インボイスの保存の義務付けなどの改善がなされてきている。しかし，完全なインボイス方式の導入や益税問題など，簡易課税制度は解決すべき点が多い。

税　率　消費税は，課税標準額に税率を乗じて納付額が算定される。消費税の税率は，創設時においては3％であったが，1997年4月より，国税である消費税と地方税である地方消費税と合わせて5％（うち消費税率4％相当，地方消費税率1％相当），2014年4月より8％（うち消費税率6.3％相当，地方消費税率1.7％相当）となった。なお，地方消費税は，1997年4月より，地方分権の推進，地域福祉の充実などのため，地方財源の充実を図ることとし，従来の消費譲与税（消費税収入額の20％）に代えて，創設された道府県税である。

消費税の税率は，2019年10月より10％（うち消費税率7.8％相当，地方消費税率2.2％相当）に引き上げることが予定されている。その際，軽減税率制度が導入され，「酒類・外食を除く飲食料品」及び「定期購読契約が締結された週2回以上発行される新聞」については，税率8％（うち消費税率6.24％相当，地方消費税率1.76％相当）が適用されることになっている。

軽減税率制度の導入の目的は，消費税の逆進性の緩和にある。所得に占める消費支出額の割合は，所得水準が高くなるにつれて低下するため，全消費支出に対して一定の税率で課税される場合，所得全体に対する消費税の負担率は，低所得であるほど高くなる。こうした逆進性の対応として，EU諸国では，食料品などの生活必需品に対して軽減税率を導入することで対応しているが，わが国もこれに倣った形である。

逆進性への対応策としての食料品に対する軽減税率の導入は，所得階層別の消費税の相対的な負担割合をある程度緩和することができる。しかし，所得の高い層ほど軽減額も多くなるなど，逆進性対策として有効な政策とは言い難い。また，対象となる食料品の範囲や飲食サービスとの仕切りなど具体的な仕組みの構築に多くの困難が予想されるばかりでなく，中小事業者に対する特例措置など他の制度に与える影響も大きい。さらに，事業者の事務負担の問題，とくに農家の還付申告のための納税事務負担への配慮といった新たな難題を惹起する他，税務執行面に与える影響も大きく，税制の基本原則である中立性や簡素性の大きな阻害要因となる。

　こうした軽減税率による逆進性の緩和とその導入に伴う様々な問題を勘案すれば，軽減税率の導入は経済的合理性に著しく反しており，可能な限り単一税率を維持すべきである。消費税は逆進的であるが，すべての税目で累進性を確保する必要はない。税体系全体で，あるいはさらに進んで，英国のマーリーズ・レビュー（*The Mirrlees, Review*）が強調するように，税制と社会保障給付の統合により，財政システム全体で垂直的公平を確保することも可能である。すなわち，低所得者に対する社会保障給付は，家計に対する負の所得税と捉えることができるため，消費税の仕組みによって逆進性を解消するのではなく，給付付き税額控除を創設し，消費税の負担を給付によって相殺するという仕組みを設けることを考えるべきである。

個別消費税の仕組み

　わが国の消費課税は，個別消費税と一般消費税が併存した形態であるが，以下では，主要な個別消費税の仕組みを解説する。わが国の個別消費税の代表的な税目としては，酒税，たばこ税，揮発油税，そして目的税である石油石炭税があげられる。

　酒税は，酒類（通常，アルコール分1度以上の飲料）を課税対象として，酒類の製造からの移出や輸入（保税地域からの引き取り）の段階で，酒類の製造者又は引き取り者を納税義務者として課される国税である。酒類は製法や性状により

4種類（発泡性酒類，製造酒類，蒸留酒類，混成酒類）に分類され，担税力に応じた負担を求める等の観点から，分類ごとに異なる従量税率が設定されている。

　製造たばこ（葉たばこを原料の全部又は一部とし，喫煙用，かみ用又はかぎ用に供し得る状態に製造されたもの）を課税対象とするものとして，国のたばこ税及びたばこ特別税，地方のたばこ税（道府県たばこ税・市町村たばこ税）がある。国のたばこ税及びたばこ特別税は，製造業者からの製造たばこの移出時または保税地域からの引き取り時に，製造たばこの製造者又は引き取り者を納税義務者として課される。また，地方のたばこ税は，卸売販売業者などが製造たばこを小売業者に売り渡す場合において，たばこの売り渡しを行う卸売業者等を納税業務者として賦課される。地方のたばこ税の課税主体は，小売販売業者の営業所在の地方公共団体である。たばこ税等の税率は，2018年10月1日から，国のたばこ税及び特別税が6,622円/1,000本，地方のたばこ税が6,622円/1,000本である。なお，たばこ税等の税率は，国税と地方税を合わせて，2020年10月1日から14,244円/1,000本，2021年10月1日から15,244円/1,000本と段階的に引き上げられる。

　揮発油税は，揮発油を課税対象として，製造場から移出された場合は移出者が，保税地域から引き取られた場合は引き取り者を納税義務者として課される国税である。揮発油税の税率（暫定税率）は，1993年12月から揮発油$1k\ell$（キロリットル）につき48,600円である。なお，地方譲与税である地方揮発油税については，課税対象及び納税義務者は揮発油税と同様であり，揮発油$1k\ell$につき5,200円の従量税率が課される。

　石油石炭税は，原油，輸入石油製品，ガス状炭化水素及び石炭を課税対象として，採掘場から移出された場合は採取者が，保税地域から引き取られた場合は引き取り者を納税義務者として課される国税である。石油石炭税は従量税であり，2016年4月から，税率は原油及び輸入石油製品に対しては$1k\ell$につき2,800円，天然ガス及び石油ガス等は$1t$（トン）につき1,860円，石炭は$1t$につき1,370円である。石油石炭税は目的税であり，安定供給対策及びエネルギー需給構造高度化対策に充てられている。

表6-2 消費課税の税収構造

(単位:億円)

国 税		地方税	
消費税	172,282	道府県税	
酒税	13,195	地方消費税	47,028
たばこ税	9,142	道府県たばこ税	1,489
たばこ特別税	1,414	ゴルフ場利用税	459
揮発油税	24,342	軽油引取税	9,332
地方揮発油税	2,605	市町村税	
石油ガス税	87	市町村たばこ税	9,109
自動車重量税	3,915	入湯税	224
航空機燃料税	514		
石油石炭税	7,020		
電源開発促進税	3,197		
とん税	98		
特別とん税	123		

(注) 2016年度決算額。
(出所) 財務省「租税及び印紙収入決算額調」,総務省「地方税に関する参考計数資料」。

消費課税の実情

消費課税の税収を見てみよう。表6-2は,わが国における消費課税の税目及び税収額(2016年度決算額)を示したものである。

一般消費税の税収額は,国税の消費税で17兆2,282億円(国税収入の29.6%),道府県税の地方消費税で4兆7,028億円(道府県税収入の26.0%)である。個別消費税で税収の大きな税目は,国税では揮発油税が2兆4,342億円,酒税が1兆3,195億円,たばこ税が9,142億円,石油石炭税が7,020億円,地方税では,軽油取引税が9,332億円,市町村たばこ税が9,109億円である。

近年の各税目の傾向であるが,消費税及び地方消費税は,税率の引き上げの度に,国及び道府県の基幹税としての地位を高めてきた。酒税は,アルコール消費量の減少などの理由により,1994年度の2兆1,211億円をピークに減収傾向にある。一方で,たばこ税であるが,たばこの消費量は近年で大きく減少しているが,漸次的なたばこ税率の引き上げにより,国税と地方税を合わせて2兆円超で推移している。石油石炭税は,2012年10月1日より「地球温暖化対策のための課税の特例」として,CO_2排出量に応じた税率が段階的に引き上げ

られたことにより増加した。また，揮発油税は，2009年度より道路整備特別会計直入分が一般会計に組み込まれたため一時的に増加したが，低燃費自動車の普及などの影響もあり減収傾向にある。

2　資産課税

　資産課税とは，土地や家屋などといった非金融資産，そして銀行預金や債券などといった金融資産に対する課税のことである。資産課税は，資産の移転の段階で課税される資産移転課税と，資産の保有に対して課税される資産保有課税とに分けられる。

　資産移転課税は，さらに有償移転課税と無償移転課税に分けられる。有償移転課税は，資産の取引や移転に関連した各種文書の作成，登記・登録・免許等に対する諸税が含まれる。例えば，わが国の現行税制においては，印紙税，登録免許税，不動産取得税，自動車取得税などである。一方で，無償移転課税は，遺産あるいは贈与のように，無償譲渡の資産の移転に着目する課税であり，相続税や贈与税がある。

　資産保有課税は，土地や家屋などの特定の財産の保有に着目して課税される個別財産税と，財産所有の事実に着目して納税者の純資産額を課税ベースとする一般財産税に分類される。前者の例としては，自動車税，固定資産税，都市計画税などであり，後者には1953年に廃止された富裕税があげられる。

　こうした資産課税の体系を整理したものが表6-3である。以下では，わが国の資産課税を国税と地方税に区分して，その意義と仕組みについて解説する。

国　税

相続税　　相続税は，人の死亡を契機として，相続又は遺贈（贈与をしたものの死亡により効力を生ずる贈与を含む）により財産が無償移転した場合に課される租税である。

　相続税の課税根拠は，課税方式により異なるが，第1に，富の集中の防止で

表6-3 わが国の資産課税の体系

区分		国	道府県	市町村
資産移転課税	有償移転課税	印紙税 登録免許税	不動産取得税 自動車取得税	
	無償移転課税	相続税 贈与税		
資産保有課税	個別財産税		自動車税 固定資産税（特例）	固定資産税 都市計画税
	一般財産税	富裕税（廃止）		

（出所）望月・篠原・栗林・半谷編著『財政学』（第4版）創成社，2015年，184～189頁に基づく。

ある。相続税は，無償の財産取得に担税力を見出して課税するものであり，個人所得税を補完するものであると位置付け，その際に，累進税率を適用することにより，相続をつうじて個人の経済力に大きな差がつくことを防止するといった富の再分配機能を果たすと考えられる。第2に，被相続人の生前所得に対して，精算課税を行うものとする考え方である。政策上の課税優遇や租税回避行為によって軽減されてきた被相続人の個人所得課税負担を，死亡時に改めて清算する役割を果たしていると考えられる。第3に，老後扶養の社会化に対する還元という観点である。公的な社会保障が充実する中で，老後扶養が社会化されることによって次世代に引き継がれる資産が従来ほど減少しない分，資産の引き継ぎの社会化を図っていくことが適当であると考えられる。

相続税の課税方式には，アメリカやイギリスのように遺産分割とは無関係に遺産総額に対して課税する遺産課税方式と，フランスやドイツのように相続人に焦点を当て各相続人等が取得した遺産額に応じて課税する遺産取得課税方式がある。遺産課税方式は，被相続人の生前所得に対する所得税を補完する意義があり，作為的な遺産分割による租税回避を防止しやすく，また，遺産分割のいかんに関係なく遺産の総額によって相続税の税額が定まるため，税務の執行が容易であるという利点をもつ。一方で，遺産取得課税方式は，個々の相続人等が相続した財産の価額に応じて，それぞれ超過累進税率が提供されるため，富の集中の抑制に大きく貢献し，また，同一の被相続人から財産を取得した者

間の取得財産額に応じた租税負担の公平が期待できる。

　わが国の相続税の課税方式は，遺産取得課税方式を基本としつつ，税額計算においては遺産課税的な要素を取り入れた特徴的な方式を採っており，法定相続分課税方式ともよばれている。法定相続分課税方式が採用された背景は，従来の遺産取得課税方式には，作為的な遺産分割によって相続税の回避が図られやすいという難点があったためである。そこで1958年度の税制改正により，遺産取得課税方式を維持しつつも，各相続人等が相続等により取得した財産の合計を一旦法定相続分で分割したものと仮定して，相続税の総額を算出し，それを実際の遺産の取得額に応じて按分するという手順が採られるようになった。

　現行の課税方式による税額の計算手順は，次の4つの段階を経る。

　第1段階として，各人の課税価格を個々に算出した上で，同一の被相続人から財産を取得した全ての者の課税価格の合計額を算定する。なお，この課税価格の合計額が遺産に係る基礎控除額（3,000万円＋600万円×法定相続人数）以下であれば，相続税の申告・納税は必要ない。第2段階として，課税価格の合計額から遺産に係る基礎控除額を控除した残額（課税遺産総額）を基に，各法定人が課税遺産額の法定相続分に従って取得したものと仮定した場合の取得額に，税率を乗じて仮の税額を算出し，これらを合計して相続税の総額を計算する。相続税の税率は，表6-4に示すように，法定相続人の取得金額に応じて，8段階の累進税率になっている。第3段階として，相続税の総額を各人が取得した課税価格の割合に応じ按分し，各人の算出税額を計算する。第4段階として，各人の算出税額から各人に応じた各種の税額控除額を控除し，各人の納付すべき税額を計算する。

　なお，相続税の申告期限までに相続財産の一部又は全部が分割されていない場合は，その分割されていない財産については法定相続分の割合により財産を取得した者として計算を行うこととされている。ただし，配偶者の税額軽減の適用を受けるためには，原則として申告期限後の3年以内に相続財産の分割を行うことが必要となる。

表 6-4 相続税の累進税率

法定相続分に応ずる取得金額	税率(%)
1,000万円以下	10
3,000万円以下	15
5,000万円以下	20
1億円以下	30
2億円以下	40
3億円以下	45
6億円以下	50
6億円超	55

(出所) 相続税法第16条。

贈与税　贈与税とは，個人からの贈与により財産を取得した者に対して，その取得財産の価額に基づき課される租税のことである。

相続税の課税対象は，相続開始時に現存する財産であるため，相続税の賦課が予定される者は，生前に，贈与により財産を移転することにより，相続税の負担を回避することができる。生前に贈与することにより財産を分散した場合としなかった場合では，同額程度の財産を取得した者の間で税負担に著しい不公平が生じることになる。こうしたことを防止するため，生前になされた贈与財産についても課税する必要が生ずる。これが贈与税の課税根拠である。つまり，贈与税は，相続課税の存在を前提に，生前贈与による相続課税の回避を防止するという意味で，相続税を補完するものと位置付けられる。

そのため，贈与税の課税方式は，相続税の課税方式に準じて決まる。大別すると，1つは，財産を贈与したもの（贈与者）に課税する贈与者課税方式であり，いま1つは，贈与によって財産を取得したもの（受贈者）に課税する受贈者課税方式である。わが国の現在の課税方式は，遺産取得課税方式を基礎にしていることから，贈与税の課税方式は受贈者課税方式が採用されている。

贈与税は，原則として，課税年度（1月1日から12月31日まで）に受けた贈与財産に基礎控除（110万円）を差し引いた残りの金額に10％（200万円以下）から55％（3,000万円超）の累進税率を適用して税額が算定される。なお，相続時精算課税制度（贈与時に贈与財産に対して従来の贈与税より軽減された贈与税を支払い，

相続時に生前贈与分を含めたすべての移転資産に相続税をかける制度）の適用を受ける場合は，2,500万円の特別控除が採用される。

その他の資産課税　国税である資産課税としては，他には有償移転課税である印紙税と登録免許税がある。

印紙税は契約書や領収書など，経済取引に伴い作成される文書に対して軽度の負担を求める税である。印紙税は，文書の作成行為に伴って生じる経済的利益に担税力を見出して課税する租税であり，財・サービスの消費を課税対象とする消費税とは基本的に性格が異なる。印紙税の納税義務者は文書の作成者であり，原則として納税義務者が作成した課税文書に印紙税に相当する金額の収入印紙を添付することによって納税が完結する仕組みになっている。

登録免許税は，国による登記，登録，免許など（以下，登記など）を課税対象とする租税である。登録免許税の納税義務者は，登記などを受けるものであり，不動産の価格等を課税標準として，登記などの区分に応じて税率が賦課される。登録免許税は，基本的に，登記などによって生じる利益に着目するとともに，登記・登録などの背後にある財の売買その他の取引などを種々の形で評価し，その担税力に応じた課税を行うものである。

地方税

固定資産税・都市計画税　固定資産税とは，土地，家屋，償却資産（企業の機械設備など）を課税客体とし，その資産の保有者に課す租税のことである。

固定資産税は，当該固定資産の所在する市町村が，当該固定資産の価値に応じて毎年経常的に課税するが，ひとりの納税義務者が所有する資産が各市町村に定められた課税定額を超えている場合は，大規模償却資産として都道府県が課税することになっている。なお，東京都においては，特別区（東京23区）ではなく都が課税している。

固定資産税は，基本的には個人が財産として固定資産を所有しているという事実に担税力を見出して課税する財産税であるが，公共サービスから受ける便益の大きさに応じて租税を負担する受益者負担の要素も加味するべきであると

されている。

　固定資産税の課税標準は，原則として，固定資産の価格，より具体的には適正な時価であり，固定資産課税台帳に登録されたものである。なお，適正な時価とは一定のルールに基づき評価される取引価格のことであり，実際の取引における売買価格とは異なる。また，一定の要件を満たす住宅用地や新築住宅などについては，課税標準や税額の軽減措置が設けられている。2008年度税制改正においては，住宅の省エネ回収に関わる減額措置等が創設された。2016年度改正においては，地域の中小企業による設備投資を支援するための軽減措置や農地保有に関わる課税の強化・軽減措置が行われた。

　固定資産税の標準税率は1.4%で，課税標準額が土地30万円，家屋20万円，償却資産150万円未満の場合には課税されない。

　土地及び家屋については基準年度（3年ごと）に評価替えが行われ，特別の場合を除いて，価格は3年間据え置かれることとなっている。

　都市計画税は，都市計画事業や土地区画整理事業を行う市町村において，その事業の財源に充当する目的税である。都市計画税は都市計画区域のうち，原則として市街区域内に所在する土地及び家屋について，その所有者に課税される。納税義務者，課税標準，納付の方法などは，固定資産税と同様であるが，制限税率は0.3%となっている。

　近年の固定資産税における大きな変革は，1994年のいわゆる7割評価の導入である。バブル期における著しい資産インフレーションは，公示地価と評価額との乖離を拡大させることになった。また，土地の評価率（固定資産税評価額／公示地価）が地域間でかなりの差があることが問題視されるようになった。そこで，土地評価の適正化・均衡化を図るために，1994年度の評価替えから，土地の評価率は7割程度の水準を目途にすることが決定された。この7割評価により評価率の地域間格差は是正されることになったが，一方で納税者の急激な税負担増が予測されたため，1997年度に税負担額をなだらかに上昇させる新たな負担調整措置が導入されることになった。

　新たな負担調整措置により，納税者は急激な負担増加を免れたが，一方で固

定資産税の納税額は，資産価値の変動と切り離され，地価が下落しているにもかかわらず租税負担が毎年上昇するという現象が生じることになった。また，税額の算定が非常に複雑になり，納税者の混乱を招く結果となった。

その他の資産課税　地方税である資産課税には，他にも資産の移転時に課される不動産取得課税や自動車取得税，自動車の保有に課される自動車税や軽自動車税などがある。

　不動産取得税とは，資産の有償移転課税の性格を有しており，不動産の取得を課税客体とし，不動産を取得した個人または法人に課される道府県税である。不動産の設定範囲は，土地及び家屋のことであり，立木その他の土地の定着物などは含まれない。なお，家屋の増築や改築により家屋価格が増加した場合，これも課税対象となる。課税標準は，不動産の価格であり，原則として固定資産課税台帳に登録されている価格になる。標準税率は4％である。また，免税点制度により，取得した不動産価格が土地10万円未満，建築に係る家屋23万円未満，その他の家屋12万円未満の場合には課税されない。他にも，住宅建設の促進など一定の政策目標により，種々の特例措置が設けられている。

　自動車取得税とは，自動車の取得を課税客体として，自動車の取得者に課される道府県税である。自動車取得税の課税標準は，自動車の取得価格であり，税率は2％（軽自動車以外の自家用自動車については3％）である。ただし，自動車の取得価格が50万円以下の場合は課税されない。自動車取得税は，2019年10月1日の消費税率の10％への引き上げに伴い，廃止予定である。

　自動車の所有者に対しては，道府県税として自動車税，市町村として軽自動車税が課される。納税義務者は，毎年4月1日現在の所有者である。自動車税の税額は，排気量1,500cc超2,000cc以下の自家用車に対しては39,500円，軽自動車税の税額は四輪の乗用・自家用・軽自動車であれば10,800円などである。ただし，自動車税には燃費等により税率が重課・軽減する措置が設けられている。

表6-5　資産課税の税収構造（2016年度）
(単位：億円)

国　税		地方税	
相続税・贈与税	21,314	道府県税	
印紙収入	10,791	自動車税	15,349
		鉱区税	3
		不動産取得税	3,667
		自動車取得税	1,489
		狩猟税	9
		市町村税	
		固定資産税	88,935
		軽自動車税	2,384
		鉱産税	19
		事業所税	3,659
		都市計画税	12,616
		特別土地保有税	72

（注）　2016年度決算額である。
（出所）　財務省「租税及び印紙収入決算額調」，総務省「地方税に関する参考計数資料」。

資産課税の実情

　表6-5は，2016年度におけるわが国の資産課税の税目と金額を示したものである。国税における資産課税は，相続税・贈与税が2兆1,314億円であり，印紙収入が1兆791億円である。道府県税では，自動車税が1兆5,349億円，不動産取得税が3,667億円，自動車取得税が1,489億円であり，道府県における資産課税のウェイトは低いといえる。市町村税では，固定資産税が8兆8,935億円，都市計画税が1兆2,616億円，事業所税が3,659億円，軽自動車税が2,384億円であり，市町村においては資産課税が基幹税となっている。

　近年の傾向であるが，相続税・贈与税は，2015年1月から，基礎控除の引下げ，税率構造の見直しが実施された影響により税収は増加傾向にある。自動車税および自動車取得税は，自動車保有台数は増加しているものの，減収傾向にある。一方で，軽自動車税は，保有台数の増加および税率の引き上げにより，増収傾向にある。固定資産税と都市計画税は，年度間で安定して推移している。

参考文献

石弘光『消費税の政治経済学』日本経済新聞社，2009年。
金子宏『租税法』（第21版）弘文堂，2016年。
木下和夫編著『租税構造の理論と課題』税務経理協会，2011年。
三宮修編『図解消費税』（平成30年版）大蔵財務協会，2018年。
林宜嗣『基礎コース財政学』（第3版）新世社，2012年。
水野正一編著『資産課税の理論と課題』税務経理協会，2005年。
望月正光・篠原正博・栗林隆・半谷俊彦編著『財政学』（第4版）創成社，2015年。
森信茂樹『日本の税制――何が問題か』岩波書店，2010年。
吉沢浩二郎編著『図説日本の税制』（平成30年度版）財経詳報社，2018年。
若木裕編『図解相続税・贈与税』（平成30年版）大蔵財務協会，2018年。

練習問題

問題1
消費税制度における非課税とゼロ税率の違いを説明せよ。

問題2
消費税の逆進性の緩和策として複数税率を導入することの問題について論ぜよ。

問題3
遺産課税方式と遺産取得課税方式との違いを説明せよ。

（髙　哲央）

第7章

公　債

本章のねらい

　高度経済成長の時代には，租税収入が増加し，公共事業による社会資本整備，年金や医療といった社会保障の充実に向けることができた。しかし，1970年代の石油危機を境に経済成長は鈍化し，とくに1990年代以降は長期にわたる景気の低迷と租税収入の大幅な低下に至った。逆に，景気対策や社会保障への財政支出は膨らみ，不足する財源を公債発行により調達し，国と地方を合わせてGDPの2倍以上という巨額の債務残高となっている。また，世代間の負担の不公平も大きな問題となっており，わが国財政の持続可能性が問われている。

　本章では，まず公共部門の借金である公債の概要についてふれ，次に大量の公債発行の要因とその問題，そして公債の負担と管理について学習する。

1　公債発行による財源調達

公債とは

　公債とは，政府（国および地方公共団体）が行う借入である。国が発行する公債を国債と呼び，地方公共団体が発行する公債を地方債という。本章では，公債といった場合，主に国債についてとりあげる。

　社会保障や社会資本といった公共サービスの財源は，原則として租税によって賄われる。しかし，景気変動により租税収入が大幅に低下する場合，あるいは不況を克服するため公共事業を拡大する場合，大災害のように緊急に多額の財源が必要な場合は，租税のみでは財源調達が極めて困難である。このような場合，政府は必要な財源を民間部門（家計と企業），あるいは外国から借り入れ

る。その借入（債務）が公債である。

租税と公債の相違について見ておこう。租税は，民間部門から強制的に徴収するため国民の負担感が大きく，課税時の納税者に負担が集中し，政治的抵抗も大きい。これに対して公債は任意的収入で，国民の負担感や政治的抵抗は小さく，短期間に多額の収入を確保し負担を将来世代に分散させることができる。また，租税は消費者の税引き後の可処分所得を減少させ，消費削減効果が大きいが，公債は主として民間貯蓄によって賄われ，貯蓄削減効果が大きい。さらに，租税は好況，不況といった景気変動によって収入額が大きく変動するが，公債の発行は任意である。また，公債の発行コストは徴税コストに比べて小さい。

このように，公債は租税とは異なる性格をもっており，このため安易な財源調達に結びつきやすい。しかし，社会資本のように国民が長期的に利用する資産の形成と負担の分散，収益性のある公的事業に向ける場合，あるいは不況を克服するための公共事業や減税の財源，災害復旧のための大規模な財源調達については，公債による財源調達が容認されている。

公債発行の原則

財政の基本原則は，日本国憲法第7章財政において規定されている。これを踏まえ財政運営について定めたものが財政法（1947年施行）であり，その中で公債についての基本原則が示されている。

公債の基本原則として，まず，公債の不発行主義（非募債主義）がある。財政法第4条第1項には，国の歳出は，公債または借入金以外の歳入をもってその財源としなければならないと規定されている。基本的に租税以外による財源調達は認められていない。しかしながら，第4条の但し書きで，公共事業費，出資金及び貸付金の財源に充てる場合に公債を発行し，または借入金による財源調達ができると定めている。これが建設国債（4条公債）である。建設国債の場合，借入という形はとるものの，道路や空港など国民が利用する社会資本の整備に向けられ，将来世代も利用することが可能である。また，将来世代も

利用時に税で負担してもらい（利用時払いの原則），負担を分散することができる。

　建設国債の発行をもってもなお歳入が不足する場合に，例えば社会保障関係費や公務員の給与といった経常的経費を賄うために国債を発行することがある。これは，毎年度，特別に国債を発行することを認める特例法を制定して発行され，特例国債（赤字国債）とよばれている。特例国債は，建設国債のように社会資本の整備といった国民が利用する資産形成のみに向けられるのではなく，経常的経費に向けられ，財政法第4条に反し安易に発行すべきではない。しかしながら，不況時に特例国債の発行により公共事業を拡大し，景気回復を目指すというようにマクロ経済政策の観点から容認されている。

　また，財政法第5条は，原則として国債の日本銀行引き受けによる発行を禁止し，市中消化の原則を定めている。戦前の日本銀行引き受けによる大量の国債発行が，インフレーションや経済的混乱を招き，戦争拡大につながったという懸念からこの原則が定められている。ただし，第5条の但し書きで，特別な事由がある場合，国会の議決の範囲内で日銀引き受けが認められている。また，いったん市中消化された国債は，1年後は日銀が買い入れることが可能となり，日銀は買いオペレーションを行うことができる。

公債の分類

　発行主体で見ると，国が発行する公債を国債といい，地方公共団体が発行する公債を地方債という。また発行根拠法によると，財政法第4条及び特例公債法を根拠とする一般会計の新規財源債，国債整理基金特別会計法第5条を根拠とする借換債などがある。借換債の場合は，公債残高を増加させないが，新規発行時と借換時の金利差によっては，利払い費に影響が出てくる。

　公債は償還期間により財務省は次のように分類している。1年以下の公債は，短期債に分類される。短期債には，政府短期証券と割引短期国債がある。この2つは2009年に統合され，国庫短期証券として発行されている。2～5年債などは中期債に分類される。発行額及び残高の最も多いのが10年債であり，長期

債に分類される。さらに15～40年債は超長期債に含まれる。

また，発行形態により利付国債と割引債がある。利付国債は償還まで利子がつくもので，利子が一定の固定利付債と市場動向で変動する変動利付債がある。割引債は償還期限までの利子相当額を予め額面金額から差し引いて発行するもので，償還時に額面金額が払い戻される。

さらに，起債地により，国内で発行される公債が内国債であり，国外で発行される外国債に分類される。わが国の場合，現在，内国債の発行のみで，外貨建ての外国債は発行されていない。

国債を管理しているのは，国債整理基金特別会計である。一般会計の歳入に計上される公債金は，新規国債発行額に対応し，また歳出に計上される国債費は，一般会計から国債整理基金特別会計への財源移転である。政府はこの他に借換債を発行しているが，これは国債整理基金特別会計に計上されている。

国債の償還は，満期ごとに一部を一般財源で償還し，また残額を借換えて60年間で償還する仕組みとなっている（60年償還ルール）。これは，建設国債によって建設された社会資本の平均耐用年数を60年と想定し，この年数で償還することによる。例えば10年債の場合，10年後の満期には，償還すべき10年債の6分の1を一般財源により償還する。残額の6分の5については借換債を発行して対応する。同じように10年毎に6分の1を償還していき，残額は借換債で対応し，発行から60年後に償還が完了する仕組みである。

2　公債累増の問題点

公債の実情

図7‐1は，1975年度以降の国の一般会計税収と歳出，国債発行の推移を示している。この図を見ると，一般会計の税収入は，デフレーションや景気低迷などもあり1990年代以降大きく減少しているのに対して，一般会計歳出は，景気対策のための公共事業の拡大，社会保障費や国債費の増加などにより持続的に増加している。図で示されるように，一般会計における租税収入と歳出の差

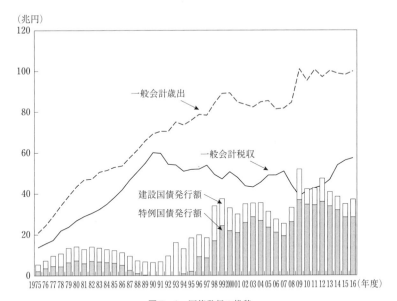

図7-1　国債発行の推移

(出所)　財務省『日本の財政関係資料』(2016年度)。

は大きく，その差の大部分が特例国債で賄われてきた。わが国財政がいかに国債発行に大きく依存してきたかがわかる。

　バブル経済の崩壊以降，政府は，デフレーションや景気の低迷に対応する一方，財政健全化に向け様々な取り組みを進めてきた。例えば，1997年に財政構造改革法を成立させ，財政赤字を対 GDP の3％以下にすること，2003年度までに特例公債から脱却することを目標とした。また，「経済財政運営と構造改革に関する基本方針2006」では，将来世代への負担の先送りを避け，持続可能な財政制度を確立するため，歳出削減を徹底し，歳入改革を進める歳出・歳入一体改革を取り決めた。この中で，2011年度までに国・地方のプライマリー・バランス（基礎的財政収支）を黒字化する目標を掲げた。プライマリー・バランスとは，税収入といった基本的な歳入で，国債費を除く一般歳出と地方交付税交付金といった経常的な経費を賄えるかを見るものである。プライマリー・バランスが均衡している場合は，財政赤字の拡大が止められる。しかしながら，

プライマリー・バランス黒字化の目標は現在まで何度も延期され，依然として達成されていない。

2016年度末の国債残高は，建設国債約275兆円，特例国債約555兆円，東日本大震災に関わる復興債約10兆円を加えた約840兆円（GDP比約160％）と見込まれている。これ以外に特別会計の借入金や国際機関への出資・拠出に関わる出資・拠出国債等を足し合わせた国の長期債務は，約870兆円（GDP比約170％）と見込まれている。これは，先進諸国の中では極めて高い数値となっている。

公債累増の要因

公債累増の要因は，循環的なものと構造的なものに分けられる。例えば景気後退期には所得税や法人税といった租税収入が減少し，また景気対策のための公共事業や失業給付といった歳出が増加し財政収支は赤字になり，国債は累増する。しかしながら，景気が回復し，租税収入の増加により国債発行が低下し，国債の償還が進むと財政赤字は縮小していく。このように景気循環に伴う財政収支の赤字，国債の増加が循環的なものである。

構造的要因は循環的な要因が解消されたとしてもなお存続するものである。歳入面では長期的な経済成長の低下による税収入の低下，歳出面では，増分主義による財政支出の拡大，高齢化に伴う社会保障費の増加，累増する国債償還のための国債費の増加が上げられる。現在の国債累増は，循環的要因が関係しているものの，構造的要因によるものがよりいっそう大きくなっている。

公債発行の問題

財政の硬直化 国債が累増すると，元利償還にかかる国債費が膨らむ。国債費は借金返済のための義務的経費であり，これが膨張すると，公共事業，教育や科学の振興といった政策的経費が圧迫され，財政の硬直化が進む。現状でも一般会計歳出に占める国債費の割合は，20％半ばとなっており，また国債費と地方交付税を除く一般歳出では社会保障関係費が大きく増加し，文教及び科学振興費，公共事業関係費などの割合は低下している。明らかに財

政構造の硬直化が進んでいる。さらに，国債が累増すると，財政規律が緩んでいると見られ，政府の信用が低下し，財政の持続可能性に疑問が生じる。あるいは，家計や企業が，国債償還のために政府が増税すると予想すると，消費や投資を大幅に抑制し，経済への負の影響が高まる。

世代間の不公平　現在，建設国債と特例国債（赤字国債）が累増しているが，とくに特例国債（赤字国債）の累増が問題である。特例国債（赤字国債）の場合，将来の償還時に増税されるのであれば，明らかに将来世代に負担が先送りされることになる。

また，建設国債は，社会資本のように将来世代にも利益が及ぶ場合に，利用時払いの原則によって負担を求める意図がある。しかし，将来世代は，現在の社会資本建設における予算決定の政治プロセスに参加できない。また，社会資本による利益よりも維持管理費や公債償還費が大きくなる可能性もある。この場合，建設国債は将来世代への負担となる可能性がある。

あるいは，各世代について公共サービスからの受益と負担を計測することで，世代別の純便益を比較する世代会計によれば，将来世代ほど公共サービスからの受益よりも租税及び社会保障負担が大きく，負担超過になると推計されている。少子・高齢化が加速するわが国では，世代間の公平性に留意することが極めて重要な課題となっている。

財　政　錯　覚　現在世代は，負担感の大きな租税より負担感の希薄な国債
──財政赤字の膨張　を選択するという財政錯覚に陥り，財政支出拡大につながりやすい。その結果，財政赤字はさらに膨らみ，将来世代への負担はますます大きくなる。このような国債発行による財政錯覚と財政赤字の拡大を懸念して，歳入と歳出を均衡させ財政赤字の拡大を抑制しようというのが，均衡財政主義の考え方である。

国債残高が累増しているにもかかわらず，国債の利払い費は低い水準にある。これは，国債金利が低い水準で推移していることによる。しかしながら，政府の財政健全化の取り組みや財政の持続可能性に対する信認が失われていくと，国債金利は上昇し，利払い費が急増する。また，国債金利の上昇は全般的な金

利上昇につながり，金融システム全体の不安定をもたらし，家計や企業の経済活動，あるいは国のみならず地方公共団体の財政運営にも大きな影響を及ぼす。

**民間投資の抑制
——クラウディングアウト**　民間投資は，家計や企業の貯蓄が源泉となっている。現在，家計の純資産残高は約1,800兆円に上り，国債の購入資金は十分に存在するといわれている。しかし，現役時代に蓄えた貯蓄を退職後に取り崩して消費に回すと考えるライフ・サイクル仮説や，高齢化に伴う将来の増税や社会保険料負担の増加，あるいは可処分所得の低下を考えると，わが国の貯蓄率は今後確実に低下していく。このような中で，政府が大量の公債発行により民間貯蓄を吸収すると，クラウディングアウト（民間投資の締め出し）が生じる。これは金利を上昇させ，民間投資を抑制することにより資本蓄積を妨げ，中長期的な経済成長を低下させる可能性があり，将来世代の経済的利益を低下させることにもつながる。さらに，クラウディングアウトの発生を，中央銀行によるマネーサプライの増加により回避しようとすると，インフレを誘発する可能性が高まる。

3　ドーマー法則

国債残高が累増し，また将来的にも国債発行が持続し，利払い費の支払いや償還が行えないと財政は破綻する。このことについて，ドーマー（Evsey D. Domer）は，たとえ公債残高が累積していったとしても，税収入もGDPの成長に応じて増加していき，公債発行額の伸びがGDPの伸びと同じであるなら，公債発行残高の対GDP比率や利払い費の比率は一定値に収束し，財政破綻は生じないと唱えた（ドーマー法則）。しかしながら，利払い費が国債発行により賄われ，利子率が経済成長率を上回る場合，国債残高のGDP比率は発散し，財政は破綻する。また，仮に経済成長率が利子率より高い場合でも，国債残高の対GDP比率は極めて高い水準となる。

近年では，財政収支を示す指標としてプライマリー・バランス（基礎的財政収支）が注目されている。プライマリー・バランスとは，「税収入＋税外収入」

から「国債費(国債償還費+利払い費)」を差し引いた財政収支のことである。つまり、税収入といった基本的な歳入で、社会保障、教育や科学の振興、公共事業といった一般歳出、あるいは地方交付税といった基本的な歳出を賄えているかを見る指標である。プライマリー・バランスが均衡する場合は、利払い費の分だけ国債は累増するものの、財政赤字の拡大を抑えることになる。これが赤字の場合は、財政赤字はますます拡大することになり、また黒字の場合は財政赤字を縮小させ財政を健全化に向けることが可能となる。この意味で、プライマリー・バランスを均衡させ、黒字化することは極めて重要である。

さて、プライマリー・バランスが均衡している場合は、下記の(7.1)式のように新規国債発行額は国債償還費と利払い費に充てられる。(7.1)式から(7.2)式が得られるが、新規国債発行額から国債償還費を引いた利払い費の額は、国債の純累増額であることを意味する。

$$新規国債発行額 = 国債償還費 + 利払い費 \quad (7.1)$$

$$新規国債発行額 - 国債償還費 = 利払い費 \quad (7.2)$$

いま、ある当初の国債残高が ND_0、名目 GDP が Y_0 であり、利子率が r とする。利払い費は、当初の国債残高 ND_0 に利子率 r をかけ合わせた額であり、rND_0 となる。プライマリー・バランスが均衡する場合、国債残高の純累増額 ΔND_0 は、ちょうど利払い費 rND_0 と一致する。したがって、翌年の国債残高 ND_1 は次のようになる。

$$\begin{aligned} ND_1 &= ND_0 + \Delta ND_0 \\ &= ND_0 + rND_0 \\ &= (1+r)ND_0 \end{aligned} \quad (7.3)$$

一方、この間の名目 GDP 成長率が g であったとすれば、翌年の名目 GDP である Y_1 は次のようになる。

$$Y_1 = (1+g)Y_0 \tag{7.4}$$

(7.3)式と(7.4)式より，国債残高と名目 GDP の比率を求めると式(7.5)となる。

$$ND_1/Y_1 = (1+r)ND_0/(1+g)Y_0 \tag{7.5}$$

ここで，利子率 r と名目 GDP 成長率 g が等しい場合は，

$$ND_1/Y_1 = ND_0/Y_0 \tag{7.6}$$

となる。これは，プライマリー・バランスが均衡している場合，利子率 r と名目 GDP 成長率 g が等しいときに国債残高の名目 GDP に対する比率は変化せず，国債残高が増えても財政破綻を回避できることを意味する。また，(7.5)式から利子率 r より名目 GDP 成長率 g が高ければ国債残高の対名目 GDP 比率は減少していき，逆に利子率 r が名目 GDP 比率 g を上回れば，その比率は高まっていくことがわかる。つまり，プライマリー・バランスが均衡しており，また名目 GDP 成長率 g が利子率 r に等しいか大きい場合（$g \geqq r$）は国債残高対 GDP 比率は上昇せず，政府債務は維持可能となる。プライマリー・バランスの均衡のみならず，さらに，$g \geqq r$，の条件を満たす必要がある。名目 GDP 成長率 g や利子率 r は，与件として変化するため，財政健全化を進めるためには，プライマリー・バランスの黒字化が必要となる。

　近年のわが国の状況は，名目 GDP 成長率は低いものの，利子率も極めて低い水準で推移してきた。これにより政府債務の負担増大は抑えられてきた。しかし，この状況が持続するわけではなく，今後の経済状況の変化によっては，利子率が上昇し，国債費の負担が急激に増大する可能性もある。

4　公債の負担

　公債負担論をめぐる議論は，公債負担の定義や理論的な考え方の相違によって様々である。

　アダム・スミス（Adam Smith）は，公債発行は政府の消費を拡大させるが民間資本を縮小させ，またその元利償還のために将来の資本蓄積を阻害すると主張した。したがって，スミスは，資本蓄積が阻害されることにより公債負担は将来世代に転嫁されると考え，公債発行には否定的であった。

　A. P. ラーナー（A. P. Lerner）等の新正統派は，公債負担を民間部門の利用可能な資源が減少するかどうかという観点から捉えた。完全雇用を前提とすると，公債発行であれ，課税であれ，一国の利用可能な資源が公共部門の利用に回されることは同じであり，民間部門が利用可能な資源は変わらない。したがって将来世代への負担の転嫁は生じない。ただし，外国債の場合には，発行時の世代の利用可能な資源を増加させるが，償還時に増税が行われ，将来世代の利用可能な資源が減少するので負担は転嫁されるとした。たとえ内国債であれ，税負担により公債償還に対応するのであれば，将来世代に転嫁される可能性が高い。

　ボーエン（H. R. Bouen），デービス（J. H. Davis），カップ（K. W. Kapp）は，公債の負担をある世代の生涯消費量の減少と捉え，公債償還のための増税がどの世代で行われるかによって，転嫁の有無が決定されると主張した。公債の発行と償還が同一世代で行われる場合には生涯消費量には変化はないので，公債発行による負担は生じない。しかし，公債の発行と償還が世代を超えて行われる場合には，公債を償還する将来世代の生涯消費量は増税によって減少するため，負担が将来世代に転嫁されるとした。

　モディリアーニ（F. Modigliani）は，公債の負担を資本蓄積の減少と捉えた。資本蓄積の減少は，将来の生産能力を低下させ，将来世代の所得減少を招く。したがって，公債による財源調達は，内国債であれ外国債であれ，将来世代に

負担を転嫁すると主張した。ただし，建設公債のように社会資本整備を通じて資本蓄積を促す場合は，将来世代への負担を緩和することになる。

リカード（D. Ricardo）は，公債発行と公債償還が同一世代に限定され，一定の政府支出を公債で賄おうと，あるいは課税で賄おうと，家計に与える影響はまったく同じであり，将来世代への負担は生じないと主張した（リカードの中立命題）。公債発行の場合，家計は将来の課税による元利償還を合理的に予測すると考え，公債償還にあてる将来の課税に備えて貯蓄を多くし，消費を減少させる。一方，課税の場合は，家計は単に消費を減少させる。したがって，公債と課税は実質的な相違はなく，その負担は将来世代にも転嫁されないことになる。また，政府支出を公債で賄っても，家計は政府支出と同額の消費を減らし，貯蓄を増加させるので，クラウディングアウトも生じないことになる。

合理的期待形成の立場をとるバロー（R. J. Barro）は，公債発行による将来時点の増税は，将来世代の消費を減少させることになり，親世代にとっては容認できないと考える。したがって，親世代は将来世代のために遺産を増やすことにより公債負担を引き受けるので将来世代に転嫁されないと主張した。リカードの中立命題が，同一世代内での租税と公債の負担転嫁をとりあげているのに対して，バローは世代を超えた中立命題の成立をとりあげている。しかしながら，親世代の合理的期待に基づく行動は，理論上は想定されるものの，現実に適合するのか疑問がある。

ブキャナン（J. M. Buchanan）は，公債負担を個人の効用水準の低下と捉えた。将来世代は，償還財源が強制的な課税によって調達されるので，内国債であれ外国債であれ，課税により効用水準が低下することになり，将来世代への負担が生じると主張した。

このように公債負担については様々な議論がある。公債の発行と償還が同一世代内で行われる場合には，公債の負担転嫁は生じず，異なる世代間で行われる場合は負担転嫁が生じるという見方が一般的であろう。とりわけ，公債発行で経常的支出を賄う赤字公債の場合は，それに見合った社会資本が将来世代で利用できないため負担のみを将来世代に転嫁させ，世代間の不公平を生み出す

と考えられる。

5　公債管理政策

　公債の大量発行が続くと，公債の利払い費が膨張し，財政硬直化の大きな要因となる。また，民間の資金需給にも大きな影響を及ぼす。そこで，公債発行の種類と残高構成を変化させることによって，公債の利払い費を最小化させ，また公債の流動性をコントロールすることにより経済の安定化を図ろうとする公債管理政策が重要になる。

　一般に，景気過熱期には利子率が高く，不況時には利子率が低い。また，短期債に比べて長期債の利子率は高くなる。したがって，利払い費を最小化する観点からは，利子率の高い好況期にはできるだけ短期債を発行し，利子率の低い不況期には長期債を発行することで利払い費を抑制できる。他方，経済安定化の観点からは，不況期には，流動性は高いが利子率の低い短期債を発行することにより需要を刺激し，また好況期には，流動性は低いが利子率の高い長期債を発行して需要を抑制することが有効である。

　このように，公債管理政策においては，利払い費の最小化と経済安定化という2つの政策目的がトレードオフの関係にある。しかし，経済安定化については金融政策といった他の政策手段もあり，トレードオフは強いものではない。わが国の場合，財務省が公債管理政策を行っているが，国債の確実かつ円滑な発行，中長期的な調達コストの抑制を基本目標としている。この目標に沿って財務省は，毎年度国債発行計画を公表しており，国債発行総額の発行根拠法別発行額や償還年限構成別発行額を示している。金融市場に大きな影響を及ぼさないように公債を発行し，合わせて利払い費を最小化する公債管理政策が重要となる。

参考文献
浅羽隆史『入門財政学——日本の財政のしくみと理念』（新版）同友館，2016年。

片桐正俊編著『財政学』(第3版) 東洋経済新報社, 2014年。
宇波弘貴編著『図説日本の財政』(平成29年度版) 東洋経済新報社, 2017年。
室山義正『財政学』ミネルヴァ書房, 2008年。
諸富徹『財政と現代の経済社会』放送大学教育振興会, 2015年。

練習問題

問題1
財源調達手段として，租税と公債の相違について説明しなさい。

問題2
ドーマー法則について説明し，またこの法則からみて，わが国の公債負担の状況はどうなっているのか説明しなさい。

問題3
公債負担について，将来世代に負担が生じるという議論と負担が生じないという議論をとりあげ説明しなさい。

(前村昌健)

第8章
社会保障

本章のねらい

　社会保障制度は，個々人では対処の難しい病気や出産，加齢等について，社会全体で連携し対応する仕組みであり，国民生活を保障するセーフティネットとしての役割を果たしている。わが国の経済社会は，少子高齢化の進展に伴う人口減少，国民経済の低迷，地方圏の疲弊，財政の硬直化など構造的問題に直面している。社会保障の給付と負担のバランスの問題など，社会保障制度のあり方が問われている。すなわち，持続可能な制度を構築することが喫緊の課題となっている。

　本章では，はじめに社会保障の概念や歴史を学習する。次に，わが国の社会保障の給付と負担の実情について明らかにする。そして，社会保障の中心となっている年金，医療，介護，生活保護についてその仕組みや課題をとりあげる。

1　社会保障の歴史

　社会保障とは，病気，障害，死亡，失業など，生活上のリスクに対処し，国民の生活を安定させるため，国などの公的機関が行うサービスのことである。わが国における社会保障の範囲は，公的扶助，社会保険，社会福祉，公衆衛生である。

　公的扶助とは，最低生活水準を下回る困窮者に対して，その不足分を補う社会保障サービスである。社会保険とは，国民が疾病，失業，老齢などの事態に直面したときに被る損失に対して公的保険という形でリスクを分散させるものであり，保険料などを財源として給付を行う仕組みである。社会保険には，医

療保険，年金保険，介護保険，労働保険などがある。社会福祉は，高齢者，児童，身体障害者など社会的に弱い立場にある人々を支援するものであり，伝染病の予防及び国民の健康の維持増進を目的とするものが公衆衛生である。

社会保障の生成と発展

　社会保障の萌芽は，1601年のイギリスにおけるエリザベス救貧法にさかのぼる。当時は，疾病，失業，貧困は基本的には個人の責任とされ，教会などが救済を行っていた。エリザベス救貧法は，このような状態から脱するため，貧困者などの救済を国家の役割とし，国費を用いて救済を行うものであった。救済といっても，貧困は個人の責任であるという視点から，働く能力のある貧困者を強制的に労働させていたこと，救済の水準は自立生活者の生活水準以下としていたこと，公民権をはく奪したことなど，今日の公的扶助とは大きく異なる。

　19世紀になると，労働者の失業が常態化し，貧困問題が浮かび上がり，また社会主義思想の展開もあって労働運動が激化した。これらの動きを回避するための懐柔策の1つとして社会保険制度が導入された。その端緒となったのが，1883年，「飴と鞭」の政策として知られているドイツのビスマルクによる社会保険である。これは，貧困者への事後的な救済ではなく，現役労働者の福祉の向上を図るという画期的な政策であった。

　ドイツでは，1911年に，ライヒ保険法の制定により各種社会保険が統一された。また，同年イギリスでは国民保険法の制定により健康保険と失業保険が設けられた。そして1919年，ワイマール憲法で「人間に値する生存を保障する権利」である社会権（生存権）が規定された。さらに，イギリスでは，1942年にベバリッジ報告により，均一負担均一給付，最低限の国民生活の保障，全国民を保障の対象とすることなどが掲げられ，第2次大戦後のイギリスにおける社会保障制度の礎となった。こうして，各国において法律で社会権（生存権）が規定されるようになり，基本的権利としての社会保障という考え方が広まった。

第8章　社会保障

わが国の社会保障制度の根拠

　わが国における社会保障は，1874年の恤救規則に起源があり，これが1929年に貧民対策としての救護法に発展し，保障の対象が拡大された。しかしながら，救護法においても，勤労意欲のない者や素行不良の者には保護を行わないという欠格条項の設置，被救護者の選挙権の行使の停止などが設けられていた。

　1922年，わが国最初の社会保険制度である健康保険法が成立した。これはブルーカラー労働者を対象としたものであった。1930年代後半には，国民健康保険法，船員保険法，ホワイトカラー労働者を対象とする職員健康保険法などが次々と制定された。1941年には労働者年金保険法が制定された。また，同年に国民健康保険法が改正され，従来の任意設立・任意加入から強制設立・強制加入に変更された。1944年には，雇用構造の変化に対処するために，厚生年金保険法が制定された。こうした戦前の社会保障制度は，労働運動激化への対応や戦時政策の一環として実施された側面があり，国民の生活保障を一義的な目的とする現在の社会保障制度とは異なる性格を有していた。

　戦後のわが国の社会保障制度の発展にあたり，重要な役割を果たしたのが，日本国憲法とそれに基づく1950年の社会保障制度審議会による社会保障に関する勧告である。日本国憲法第25条では，国民の生存権と国の社会的使命について規定された。1946年に（旧）生活保護法，1947年に労働者災害補償保険法，失業保険法，児童福祉法，1949年に身体障害者福祉法と，社会保障に関する法律が次々と制定されていった。また，1950年に日本国憲法第25条との関係から，生活保護法が全面改正された。

　社会保障に関する勧告は，わが国の社会保障の理念を示し，その後の社会保障制度の構築に大きな影響を及ぼした。この勧告では，社会保障制度とは，疾病，負傷，老齢，失業，その他の困窮に対して保険的方法あるいは公の負担により経済的保障を行い，生活困窮者については，国家の扶助により最低限度の生活を保障し，また社会福祉の向上と公衆衛生を図ることであると定義された。さらに，国家は国民が文化的な生活を営むことができるように支援する責任があるとした。こうした考え方は，今日のわが国の社会保障制度の基盤となって

いる。

　社会保障に関する勧告以後，1958年の国民健康保険法の全面改正，1959年の国民年金法の制定により，国民皆保険・皆年金が達成することになる。そして，1973年のいわゆる福祉元年の年金・医療などの大幅な給付水準の引き上げ，1982年の老人保健法の制定，1984年の健康保険法等改正，1997年の介護保険法の成立など，わが国の社会保障制度は，時代の要請に応じた様々な変革を経て，今日に至っている。

2　社会保障の給付と負担

　現在のわが国の社会保障制度は，1960～1970年代にその骨格が完成したといえるが，この背景には，高度経済成長に伴う豊富な税収と10％を下回る高齢化率（65歳以上人口割合）があった。しかしながら，1973年10月の第1次石油危機により，高度経済成長は終わりを迎え，わが国の経済は安定成長へと移行することになる。さらに，1990年代以降の長引く経済の低迷などにより，国税収入は減少傾向で推移し，2018年度当初予算でやっと1990年度の水準を回復したのである。そして，急速な高齢化の進展により社会保障に要する費用は増加し続けている。

　本節では，わが国の高齢化を踏まえた上で，社会保障の給付と負担の実情を概観する。

高齢化の実情

　近年のわが国における社会経済構造の変化の中で最も著しいものは，人口の動態である。人口構造は，出生率と死亡率の2つの要因により大きな影響を受ける。2017年の簡易生命表によると，日本国民の平均寿命は，男性81.09年，女性87.26年であり，世界で高い水準にある。一方で，人口動態統計によると，1人の女性が一生の間に産む平均子供数を示す合計特殊出生率は，2017年でも1.43という低水準に留まっている。

第8章　社会保障

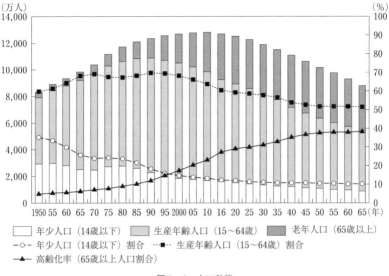

図8‐1　人口動態

（注）　1970年までは沖縄県は含まれていない。
（出所）　厚生労働省編『厚生労働白書』（平成29年版）日経印刷，2017年，20頁。

　平均寿命の高まりと出生率の低下により，わが国の高齢化は，世界でも類を見ない速さで進展している。図8‐1は，わが国の人口構造の推移と将来推計を示したものである。総人口は，2017年10月1日現在，1億2,671万人であり，65歳以上の高齢者人口は3,515万人で総人口に占める割合（高齢化率）は27.7%と高い値を示している。

　いわゆる団塊の世代が65歳以上となった2015年に，高齢者人口は3,387万人に達し，その後も増加傾向にある。国立社会保障・人口問題研究所の推計（2017年）によると，高齢者人口は2042年に3,935万人でピークを迎え，その後は減少に転じるが，高齢化率は上昇すると見込まれている。2065年には高齢化率は38.4%に達し，約2.6人に1人が65歳以上となり，また75歳以上人口が総人口の25.5%となり，約4人に1人が75歳以上となる見込みで極めて高水準の高齢社会を迎えることになる。

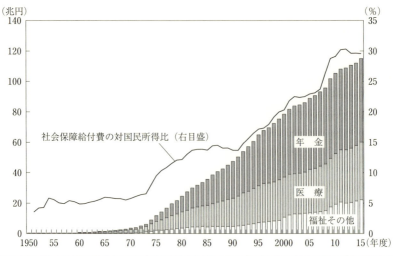

図 8-2 社会保障給付費の推移

(出所) 厚生労働省編『厚生労働白書』(平成29年版) 日経印刷, 2017年, 12頁。

社会保障給付費の実情

社会保障給付費とは，公的に行われる医療，年金，福祉，労災保険，雇用保険等の社会保障制度による給付の総額のことである。図8-2は，わが国の社会保障給付費の推移を示したものである。わが国の社会保障給付費は，高齢化を反映して年々増加の一途をたどっており，2015年には114兆8,596億円に上っている。社会保障給付費の内訳を見ると，年金が54兆9,465億円（社会保障給付総額の47.8％），医療が37兆7,107億円（32.8％）となっている。

社会保障給付費の対国民所得比の推移をみてみよう。1950年から70年にかけ

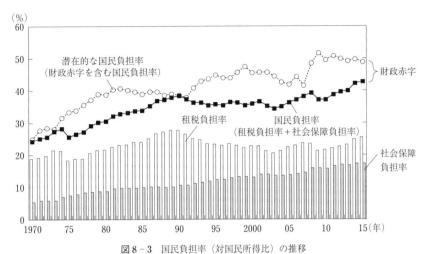

図 8-3 国民負担率（対国民所得比）の推移
（出所）厚生労働省編『厚生労働白書』（平成29年版）日経印刷，2017年，13頁。

ては，国民皆保険・皆年金の導入により，社会保障給付費は大きく伸びたが，高度経済成長に伴い国民所得が同程度に伸びていたため，概ね5％前後で推移した。1970年代に入ると，福祉年金などの受給者数の増加や給付水準の大幅な引き上げ等により社会保障給付が大きく増加する折，1973年の第1次石油危機に端を発した経済成長率の下方屈折により，社会保障給付費の対国民所得比は急激に増加することになる。1980年代後半から1990年代前半にかけては，社会保障給付費の伸びは国民所得の伸びとほぼ同程度であったが，1990年代後半以降は，高齢化の進展に伴い社会保障給付費が急増する一方で，長期的な景気低迷により国民所得は伸び悩んだ。今後も社会保障給付費は国民所得の伸びを上回って増大していくことが予想され，持続可能で安定的・効率的な制度を構築していくことが求められている。

社会保障に要する費用

社会保障サービスの給付を支えるための財源は，保険料や租税等である。社会保障にかかる負担の推移について，国民負担率の概念を用いて説明する。国

表 8-1 各国の社会支出

(単位：%)

	社会支出対GDP比	政策分野別構成割合								
		高齢	遺族	障害・業務災害・疾病	保健	家族	積極的労働市場政策	失業	住宅	他の政策分野
日　本	22.15	10.37	1.25	0.99	7.59	1.23	0.14	0.17	0.12	0.29
アメリカ	19.12	6.42	0.66	1.51	8.53	0.65	0.11	0.20	0.26	0.80
イギリス	22.65	7.33	0.05	1.97	7.80	3.57	―	0.28	1.55	0.11
ドイツ	27.13	8.28	1.83	3.42	8.94	2.29	0.63	0.91	0.55	0.29
フランス	32.12	12.69	1.72	1.81	8.68	2.96	1.00	1.62	0.83	0.81
スウェーデン	26.75	9.08	0.32	4.54	6.28	3.54	1.27	0.33	0.44	0.95

(注)　2015年の数値である（小数第2位まで表示）。
(出所)　国立社会保障・人口問題研究所「社会保障費用統計」（平成28年度）。

民負担率とは，国民所得に占める租税負担と社会保障負担の割合である。わが国の国民負担率は，1970年度24.3％から2015年度42.8％へ大幅に上昇している。社会保障負担率は1970年代以降，一貫して増加傾向にあるが，一方，租税負担率は，1990年代半ば以降の経済の低迷や景気対策のための減税などにより，増減を繰り返していることがわかる。

将来への負担の先送りである財政赤字を含めた潜在的国民負担率をみると，1970年度では国民負担率と潜在的国民負担率に大きな差はないが，近年では両者の乖離は大きく，潜在的国民負担率は5割前後で推移していることがわかる。公共サービスからの受益と負担のアンバランスがもたらした帰結といえよう。

各国の社会支出

第3章において，国民負担率の国際比較を行っているため，ここでは社会保障の支出面に焦点をあてる。表8-1は，OECD基準に基づく，2015年の社会支出（social expenditure）の国際比較を示したものであり，OECDの社会支出に含まれる社会保障制度は9つの分野に分けられている。

社会支出の対GDP比は，フランスが32.12％で最大であり，次いで，ドイツ27.13％，スウェーデン26.75％，イギリス22.65％，日本22.15％，アメリカ

19.12％の順である。日本における社会支出の対 GDP 比はイギリスとほぼ同水準であることがわかる。政策分野別構成割合をみると，日本では高齢（老齢年金や介護保険給付を含む）の割合が10％超であり，フランスの12.69に次ぎ2番目に高いことがわかる。

このように，日本の社会保障の特徴は，対 GDP 比は欧州諸国に比較すると低いが，その内訳は，高齢者向け支出の割合が大きいことである。

3　公的年金

公的年金制度の変遷

公的年金制度は，1959年に国民年金法が成立し，同法に基づき1961年には国民皆年金が全面的に施行された。1973年は福祉元年と称されているが，年金で生活が維持できる水準への給付の引き上げ，及び，年金給付の物価スライド制や賃金スライド制が導入された。これによって，年金給付は，物価が上がっても実質価値は目減りせず，また現役世代の賃金が上昇する場合，連動して増加する仕組みとなった。そして，1986年からすべての国民に基礎年金を給付することとなり，専業主婦も国民年金制度が適用されることになった。さらに，1989年には，20歳以上の学生の国民年金加入が義務付けられた。

1994年には，基礎年金の支給開始年齢を60歳から徐々に引き上げ65歳にすることが決定された。また，1999年には，厚生年金（報酬比例部分）の給付水準を全体として5％削減し，支給開始年齢を段階的に60歳から65歳に引き上げることになった。

2004年には，次のような大幅な制度改正があった。まず，保険料水準固定方式の導入である。これは2017年度以降の保険料負担を，国民年金1万6,900円，厚生年金18.3％（労使折半）に固定した上で，その収入の範囲内で年金給付水準を調整しようとする仕組みである。また，マクロ経済スライド制が導入され，社会全体の保険料負担能力を反映して給付水準を決定し，年金収支不均衡に対応することにしている。現役世代の平均収入に対する年金給付額の割合を示す

所得代替率を,現状の60%から50%へ引き下げることを想定している。このように保険料負担を一定水準に固定し,給付水準を所得代替率50%と想定しているが,今後の高齢化及び経済社会の変化を考えると,負担水準の引き上げや給付水準の引き下げになる可能性がある。

また,5年に一度,公的年金制度の収支計算を行い,制度を点検する財政検証を行うことになった。2019年度は次の財政検証を行う年度である。さらに,基礎年金では,2009年度から国庫負担割合を2分の1に引き上げられることになった。加えて,70歳以上の一定以上の所得がある在職者の厚生年金給付を減らす仕組みも導入された。

わが国の公的年金制度は,1960年代にすべての国民に公的年金制度を適用して,老後の生活を保障する仕組み作りから始まり,1970年代にその内容が拡充された。1980年代半ば以降は,社会の少子高齢化に対応するため公的年金制度も様々な改正が行われてきた。今後の少子高齢化及び人口減少の下で,老後の生活を公的年金によってどの水準まで保障するのか,また年金の給付と負担の世代間格差にどう対応するのかといった大きな課題がある。少子高齢化といった社会経済の構造変化に対応する公的年金制度の再構築が求められており,その持続可能性が問われている。

公的年金制度

次に,公的年金制度について見てみよう。図8-4は,2015年現在,わが国の公的年金制度の概要を示したものである。国民年金は20歳以上60歳未満のすべての国民が加入して保険料を支払い基礎年金を支給するための年金制度である。厚生年金は被用者を対象とした年金制度であり,民間企業の会社員や公務員等が加入し,自営業者や,農業従事者,非正規雇用者等は国民年金に加入している。

第1号被保険者とは,20歳以上60歳未満の自営業者,農業従事者,非正規雇用者,学生,無職の人などである。第2号被保険者とは,厚生年金の加入者で,加入する制度から基礎年金給付のために国民年金へ拠出金が支払われる。第3

第8章 社会保障

図8-4 公的年金制度の概要

(注) 2015年3月の数値。
(出所) 厚生労働省ホームページ。

号被保険者とは，厚生年金に加入している第2号被保険者に扶養されている20歳以上60歳未満の配偶者（年収130万円未満）で，保険料は第2号被保険者が加入する厚生年金が一括して負担しており，個別に納める必要はない。図8-4に示されるように，2015年時点の加入者数は，第1号被保険者1,742万人，第2号被保険者4,039万人，第3号被保険者932万人である。

なお，国家公務員，地方公務員，私立学校教職員共済組合等を対象としていた共済年金は，2015年10月に厚生年金に統合された。国民年金基金とは，第1号被保険者が，基礎年金に上乗せする形で任意加入する年金である。厚生年金基金とは，厚生年金に加入する事業所が，事業所単位で加入する企業年金である。

このように，わが国の年金制度は，国民年金（基礎年金）を基礎に，それに厚生年金（報酬比例部分）が上乗せされ2階建てとなっている。1階部分の基礎年金は，2分の1が租税で賄われ，残りの2分の1は保険料で賄われている。2階部分の報酬比例部分は，保険料のみで財源が賄われている。その上に，厚生年金基金などの企業年金や個人年金からなる3階部分もある。

公的年金制度は，社会保険方式で運営されており，年金給付は年金保険料の

拠出に基づいて行う。受給資格期間は、保険料の納付期間25年とされていたが、2017年8月から受給資格期間は25年から10年に短縮されることになった。保険料納付期間の義務は、20歳から60歳までの40年間であり、これを満たせば基礎年金は満額支給されるが、納付期間が短くなると給付額は減額される。

公的年金の財政方式

　公的年金の財政方式には、賦課方式と積立方式がある。賦課方式は、高齢世代への年金給付の財源を若年世代から保険料で徴収する方式である。年金財政のための積立金は原則として生じない。つまり、若年世代と高齢世代における世代間の所得再分配である。積立方式は、若年期に保険料を支払い、高齢期に自らの年金受給のために積み立てておく方式である。支払った保険料は自らの受給に充てられる。保険料の積立資金は、様々な形で運用され、積立金と利子収入で年金給付に向ける。つまり、同一世代内での所得の再分配である。

　わが国の公的年金制度は、2004年の改正前までは修正積立方式と称され、積立金を一定の水準で保持し運用収入を活用するという仕組みであった。しかしながら、高齢化の急激な進行もあり、修正積立方式を維持することは不可能となり、現状では賦課方式の性質が強い仕組みに移行している。

　年金の保険料負担と保険金給付の関係は、確定給付型と確定拠出型とよばれるものがある。確定給付型とは、高齢期の年金給付額をあらかじめ定めておき、これに対応させて保険料負担を求める方式である。年金給付額が確定しているため、加入者は老後の生活設計がしやすくなるが、給付に必要な年金積立金が不足する場合は、保険の運営者（国や企業）がこれを補填するなどの対応が求められる。また、確定拠出型とは、若年期の年金保険料をあらかじめ定めておき、高齢期の保険金給付を賄う方式である。確定拠出型では、保険の運営者が年金積立金の不足を補填する必要はないが、加入者は年金積立金の運用リスクを負うことになり、年金給付額が定まらない不安定な面がある。途中で転職しても、自分の年金原資を転職先に移管して、通算した年金を受けとることができる。

4　医療保険

　わが国の医療保険制度は，すべての国民が公的医療保険に加入し，必要な医療を受けることができる国民皆保険を採用している。図8‒5は公的医療保険制度の概要である。被用者に対する医療保険については，正規に雇われた人を対象とする健康保険組合，協会けんぽ，共済組合がある。また，自営業者，農業従事者など向けの医療保険として国民健康保険（国保）がある。2017年度時点の加入者数をみると，健康保険組合が約2,850万人，協会けんぽが約3,830万人，共済組合は約860万人である。また，国民健康保険の加入者は約3,480万人である。

　健康保険組合（主に大企業）では，その組合員である被保険者の健康保険を管掌している。単一の企業で設立する組合や同種の企業が合同で設立する組合などもある。健康保険組合を設けていない中小企業などの被用者は，協会けんぽに加入しており，また共済組合は，国家公務員，地方公務員，私立学校教職員等が加入している。

　国民健康保険に関しては，市町村が中心となり地域ごとに運営されていたが，市町村の国民健康保険財政が悪化したため，2018年度から運営主体が市町村から都道府県へ移管され，財政基盤を立て直すこととなった。被用者保険の加入者が退職すると，被用者保険を離脱し，退職者として国民健康保険に入ることになる。その保険の財源は，退職者本人の保険料だけでなく，被用者保険からの拠出金によって賄われている。

　さらに，75歳以上になると，これらの各保険とは独立した後期高齢者医療制度に移ることになる。この制度は，2008年度から75歳以上の後期高齢者が，既存の健康保険を脱して新しい保険制度に加入する仕組みとして運用されている。財源構成は，被保険者からの保険料1割，国保や被用者保険からの支援金4割，公費5割となっている。また高所得の高齢者に対して負担を引き上げることが可能となり，さらに都道府県単位で運営することにより，過疎地域と都市地域

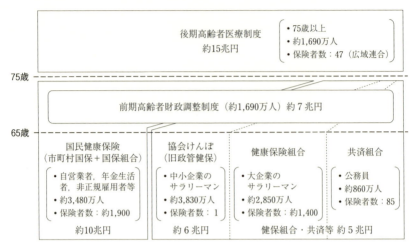

図8-5 公的医療保険制度の概要
(注) 数値は2017年度予算ベース。
(出所) 厚生労働省ホームページ「わが国の医療保険について」。

での保険料格差を縮小させようとしている。

　わが国は他の先進諸国が経験したことのない急速な高齢化により，医療費が増大し，公的医療保険の財政は逼迫している。医療費の給付と負担をみると，世代別に大きな相違がある。高齢者の医療費増大を若年者の負担で賄うとすると，若年者の負担が増大し，世代間での受益と負担の格差が拡大する恐れがある。世代間の格差を緩和しつつ，増大する老人医療費に対応するための持続可能な公的医療保険制度を構築する必要がある。

5　介護保険

　高齢化の進展に伴って，介護を必要とする高齢の要介護者がますます増加している。また，家族のみで介護の負担を担うことには限界があり，近年では高齢者同士の老老介護の問題も浮かび上がっている。こうした状況から，社会全体で介護に対応する仕組みとして，2000年4月から介護保険制度が施行されて

第8章 社会保障

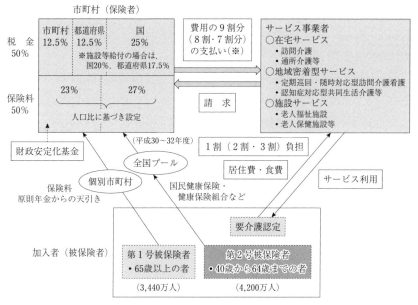

図8-6 介護保険制度の概要
(注) ※一定以上所得者については，費用の2割又は3割負担。
(出所) 厚生労働省老健局「公的介護保険制度の現状と今後の役割」(平成30年度)。

いる。図8-6は，介護保険制度の概要である。介護保険の運営主体（保険者）は，市町村，特別区，広域連合であり，加入者は40歳以上の国民である。被保険者は，保険料の設定や納付方法などの違いにより，65歳以上の第1号被保険者，40歳以上65歳未満の第2号被保険者に区分される。介護サービス受給者は，介護費用の1割を支払い，残り9割の半分を保険料，半分を租税で賄う仕組みである。2015年度からは，一定以上の所得のある高齢者の費用負担は2割又は3割に引き上げられている。

65歳以上の第1号被保険者は，市町村等の定める基準額と本人の所得水準に応じた保険料を納める。基準額は市町村等により独自に定められ，所得の低い人には保険料の減免，所得の高い人には保険料を割り増しする仕組みであり，毎月定額で課されている。また，保険料と介護報酬の改定は3年に一度全国で同時に実施されている。

40歳以上65歳未満の第2号被保険者については，保険料の計算や負担額は加入する医療保険ごとに異なる。第2号被保険者の保険料は，全国でプールし，それぞれの市町村に介護給付費に応じて交付され，高齢化率の高い市町村を支援する形となっている。租税を財源とする公費の負担は総給付費の半分である。そのうち，国の負担割合は2分の1（給付費の25％），市町村の負担割合は4分の1（給付費の12.5％），都道府県の負担割合は4分の1（給付費の12.5％）となっている。

　また，高齢者の所得水準等による第1号保険料率の市町村格差については，国費から捻出される調整交付金で調整される。さらに，都道府県は財政安定化基金を設け，財源不足に直面した市町村に資金を交付及び貸付する仕組みとなっている。

　介護保険においても，要介護者の多い市町村では保険給付支出の増加から保険財政の運営が厳しい状況にある。今後，急激な高齢化に伴い要介護者が増加し，介護給付が増加することが予想される。医療保険と同様に，介護保険においても制度を点検する必要がある。

6　生活保護

　生活保護制度は，生活困窮者に対し，日本国憲法第25条が求める健康で文化的な最低限度の生活を保障し，必要な保護や自立を支援することを目的としている。

　生活保護は世帯単位で行われ，最低限度の生活の維持のために世帯員全員が有する資産や能力を活用していることが前提となる。したがって，預貯金や生活に利用されていない資産（土地・家屋等）がないこと，働く能力がある場合は仕事に従事すること，年金及びその他の手当など他の制度で受給できる場合は援助を受けることが求められる。受給の要件を確認するための審査を資力調査（ミーンズテスト）という。資力調査の結果，生活に困窮する場合は，世帯の収入と最低生活費を比較して，最低生活費から収入を差し引いた差額が生活保

護費として支給される。生活保護の財源は全額，公費で賄われており，財源のうち4分の3を国が負担し，4分の1を地方が負担している。

　生活保護費は，生活を営む上で必要な様々な扶助に対応して保護費が支給される。扶助の種類には，生活扶助（日常生活に必要な費用，食費，被服費，光熱費など），住宅扶助（アパートの家賃など），教育扶助（義務教育を受けるために必要な学用品費など），医療扶助（医療サービスの実費），介護扶助（介護サービスの利用者負担分など），出産扶助（出産費用），生業扶助（就労に必要な技能の習得等にかかる費用），葬祭扶助（葬祭費用）がある。この中で，医療扶助が生活保護費の約50％を占め，次に生活扶助が約30％となっており，生活保護のほとんどが医療扶助及び生活扶助である。

　生活保護の被保護人員は，1990年代後半から増加傾向で推移し，2014年には216万人を超えたが，景気の回復基調のため，ここ数年は低下傾向にある。また，生活保護費は，2001年度に2兆円を超え，2017年度予算では約3兆8,000億円に達した。被保護人員の増加と生活保護費の増加は連動しており，被保護世帯のうち，半数が高齢者世帯である。無年金者で年金給付が受けられないか，小額の年金受給による生活困窮が主な理由である。

　高齢化の進展により，今後も高齢者を中心として生活保護世帯が増加することが予想される。しかしながら，年金や医療，介護といった他の社会保障支出への財源充当もあり，増加する生活保護費にどのように対応するのかが課題である。

参考文献

一圓光彌『社会保障論概説』（第3版）誠信書房，2013年。
植田和弘・諸富徹『テキストブック現代財政学』有斐閣ブックス，2016年。
宇波弘貴編著『図説日本の財政』（平成29年度版）東洋経済新報社，2017年。
国立社会保障・人口問題研究所『社会保障統計年報』（平成30年度版）法研，2018年。
土居丈朗『入門財政学』日本評論社，2017年。
馬場義久・横山彰・堀場勇夫・牛丸聡『日本の財政を考える』有斐閣，2017年。
厚生労働省編『厚生労働白書』（平成29年版）日経印刷，2017年。

内閣府『高齢社会白書』(平成30年版) 日経印刷, 2018年。

練習問題

問題 1
政府が社会保障サービスを供給する根拠について説明しなさい。

問題 2
公的年金の財政方式である賦課方式と積立方式について説明しなさい。

問題 3
わが国の生活保護受給の動向について説明し, また扶助の種類の特徴について説明しなさい。

(江波戸順史)

第9章
経済安定化政策

本章のねらい

　資本主義経済は，経済変動を繰り返す過程で許容できない物価変動や失業問題を引き起こすが，市場機構はこれを自律的に調整することができない場合がある。その場合には，雇用や物価などの安定を確保するために，政府の積極的な市場介入が求められる。本章の目的は，雇用や物価の安定のために，政府が実施するマクロ経済政策を学ぶことである。

　本章では，まず，基本的なマクロ経済モデルである45度線の国民所得決定理論に基づき，政府支出政策と租税政策が国民所得に及ぼす効果について説明する。次に，マクロ経済を自動的に安定化させるビルトイン・スタビライザーを取り扱う。そして，金融市場を考慮した場合，さらには国際間の資本移動や為替レートの変化を考慮した場合のマクロ経済政策について解説する。

1　国民所得の決定

　1929年10月の米国における株価の暴落とそれに続く大恐慌の経験は，財政のあり方について新しい理論をもたらした。それはフィスカルポリシー（裁量的財政政策）とよばれるものであり，雇用や物価などを安定させ，適切な経済成長率を確保するために，総需要の調整手段として財政手段を用いる政策を指している。以下では，こうしたフィスカルポリシーについて解説する。

ケインズの有効需要理論

　J. M. ケインズ（John Maynord Keynes）の『雇用・利子および貨幣の一般理

論』（1936年）は，財政政策に大きな変革をもたらすものであった。ケインズ以前の経済学では，供給はそれ自らの需要を作り出すというセイの法則において成立する完全雇用状態を想定していた。セイの法則の下では，価格メカニズムによる需給調整機能が円滑に働くかぎり，経済は自動的に完全雇用に向かうと考えられていたのである。したがって，古典派財政論においては，小さな政府と均衡予算を重要視し，景気変動を調整するために政府は介入すべきではないと考えられていた。むしろ古典派経済学の景気理論では，貨幣的要因が重視され，金融政策の効果を重視した。

一方，ケインズは，1930年代の資本主義経済の重大な欠陥は，完全雇用を達成できないことにあると考え，完全雇用水準に導くために，市場への政府の介入が必要であるとした。ケインズのこの主張を理論的に支えるのが，国民所得の水準は，総需要の大きさによって決定されるという有効需要理論である。ケインズは，政府が総需要を管理し，有効需要が不足するときには積極的にこれを喚起すべきであるとし，その手段として，有効需要を直接に創出するという点から，金融政策よりも，フィスカルポリシーが有効であると考えた。これは公債を発行して公共事業などの支出を増大させると新たな有効需要が創出されるが，この追加的支出は，乗数効果によって何倍にも増加するためである。以下では，この点について解説する。

公共投資と乗数理論

ケインズ政策の基本的な枠組みに沿って，政府支出が国民所得の水準に及ぼす影響，すなわち乗数効果についてみていこう。ここでは，財市場のみを想定している。

国民所得の決定理論 海外との取引がない閉鎖経済を前提とすると，財市場の需給均衡条件は，次の様に定式化される。

$$Y = C + I + G \tag{9.1}$$

ここで国民所得（Y），民間消費（C），民間投資（I），政府支出（G）である。(9.1)式は，国民所得が，総需要（$C+I+G$）に応じて決定されることを意味する。ケインズ・モデルの基本的な立場は，需要と供給の差を調整する経済変数は，価格ではなく数量であるという点である。また，ケインズ・モデルでは，需要サイドで経済活動が決定されることになる。

ここで，民間消費は，所得水準に依存する消費部分と，たとえ所得がなくても生きていくために最低限必要とされる基礎的消費部分からなるとすると，次式が得られる。

$$C = a + cY \tag{9.2}$$

ここで，a が基礎的消費であり，cY が所得水準に依存する消費である。限界消費性向 c（$=\Delta C/\Delta Y$）は，追加的な所得のうち消費にまわる部分の割合をさす。限界消費性向は $0<c<1$ である。所得の増加分は消費と貯蓄に使われるため，所得の増加分のうち貯蓄が増える割合である限界貯蓄性向は，$1-c$，で示される。

(9.2)式を(9.1)式に代入すると，

$$Y = a + cY + I + G \tag{9.3}$$

と定式化される。

ここで，横軸に国民所得を，縦軸に総需要（$C+I+G$）をとったグラフを描くと，図9-1が得られる。限界消費性向は1より小さいため，総需要曲線は，所得の増加に対してなだらかな傾きをもつ直線で表すことができる。また，総供給＝総需要の関係が成立するため，国民所得と総需要が一致するところがグラフでの45度線上となる。したがって，総需要曲線と45度線との交点 E_0 が均衡点となる。交点 E_0 における国民所得の水準 Y_0 を，均衡国民所得という。

(9.3)式を整理すると，均衡国民所得 Y_0 は，次式の通りになる。

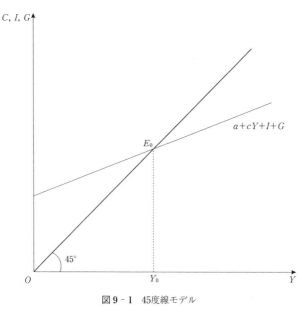

図9-1　45度線モデル

$$Y_0 = \frac{1}{1-c}(a+I+G) \tag{9.4}$$

政府支出の乗数効果　実現した均衡国民所得が完全雇用国民所得であるとは限らない。このため，政府はインフレーションやデフレーションを緩和するために，総需要（$a+cY+I+G$）を失業者のいない完全雇用時の生産額に等しくなるように，フィスカルポリシーを実施することが必要となる。

　これを45度線モデルで示すと，図9-2のようになる。現実の均衡国民所得が Y_0 であり，完全雇用を実現する国民所得を Y^* とする。この時，完全雇用国民所得に対して総需要は AY^* であるため，需要は E^*A だけ不足していることがわかる。この需要の不足分をデフレ・ギャップと呼ぶ。Y^* の水準で経済を均衡させようとするなら，デフレ・ギャップ E^*A を埋めるだけの需要を増加させることが課題となる。

　一方，総需要（$a+cY_1+I_1+G$）が完全雇用国民所得（Y^*）を上回っている時に，インフレーションが発生することになる。この需要の超過分である E^*B

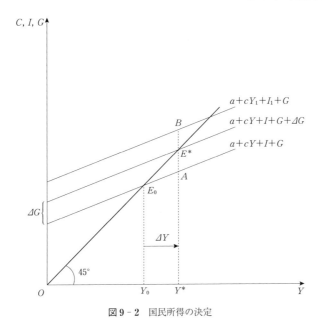

図9-2 国民所得の決定

をインフレ・ギャップと呼び，こうした状況下では，政府が総需要を減少させる必要が生じる。

このように，総需要が完全雇用産出量の水準から外れると，インフレーションやデフレーションが発生するため，総需要を管理する政策が必要となる。こうした政策は，総需要管理政策と呼ばれる。

さて，こうした総需要管理政策であるが，政府は均衡国民所得と現実の国民所得の差（$Y^* - Y_0$）に等しいだけの政府支出をする必要はない。ケインズ政策が画期的であった点は，フィスカルポリシーの需要創出効果が当初の政府支出の何倍にもなって現れる可能性を指摘したことにある。

いま，政府支出（G）をすべて公債発行で賄うとしよう。ここで，政府支出をΔGだけ増やしたとき，完全雇用国民所得（Y^*）は，

$$Y^* = \frac{1}{1-c}(a+I+G+\Delta G) = Y_0 + \frac{1}{1-c}\Delta G \tag{9.5}$$

となる。$Y^* - Y_0 = \Delta Y$ であるため，

$$\Delta Y = \frac{1}{1-c}\Delta G \tag{9.6}$$

となる。(9.6)式は，政府支出（G）を1単位増加させたときに，完全雇用国民所得がどれだけ変化するかを表している。つまり，政府支出（G）が増加した時に，それに $1/(1-c)$ を乗じた分だけ，国民所得は増加することになる。この $1/(1-c)$，すなわち限界貯蓄性向の逆数を「乗数」という。限界消費性向は $0<c<1$ であるため，乗数 $1/(1-c)$ は1よりも大きくなり，政府支出の増加分 ΔG よりも，国民所得の増加分 ΔY の方が大きくなる。例えば，$c=0.8$ ならば，政府支出乗数は5（$1/(1-0.8)=5$）となる。すなわち，政府支出を100億円増やせば，国民所得は500億円増加することになる。なお，乗数の値は限界消費性向 c が1に近づくほど大きくなる。このように政府支出が増加した時，その何倍もの所得を生み出す効果を乗数効果と呼び，政府が景気対策として政府支出を増加する理論的根拠の1つになっている。

　さて，政府支出（G）を1単位増加したことにより，国民所得（Y）が，乗数倍に増加する理由を説明しよう。ここで，政府支出が ΔG だけ増加するケースを考えてみよう。まず，政府支出の増加（ΔG）は，すぐに有効需要の増加となり，国民所得（Y）を ΔG だけ高めることになる。国民所得の増加（$\Delta Y = \Delta G$）は，民間消費（C）を刺激するため，消費は，限界消費性向に国民所得の増加分を乗じた（$\Delta C/\Delta Y \times \Delta G$）分だけ増加することになり，これが第2次的な有効需要となる。この消費の増加分（$\Delta C/\Delta Y \times \Delta G$）はさらなる国民所得の増加となるため，消費は第3次的な有効需要として，$(\Delta C/\Delta Y)^2 \times \Delta G$ だけ増加することになる。このように当初の政府支出の増加（ΔG）が刺激となり，乗数の波及プロセスが続いていくことになる。このようなプロセスを続けると，国

民所得（Y）の累積増加額は，

$$\Delta G + \Delta C/\Delta Y \times \Delta G + (\Delta C/\Delta Y)^2 \times \Delta G + (\Delta C/\Delta Y)^3 \times \Delta G + \cdots \cdots$$
$$= 1/(1-\Delta C/\Delta Y) \times \Delta G \tag{9.7}$$

となる。限界消費性向＝$\Delta C/\Delta Y$ であるため，最初の政府支出の増加分 ΔG は，限界貯蓄性向の逆数分だけ，国民所得（Y）を増加させることになるのである。

租税の乗数効果　次に，租税として定額税（T）を考え，租税による総需要管理政策の効果を検討してみよう。ここでは，民間消費（C）は国民所得（Y）に依存するが，民間投資（I）と政府支出（G）は所得水準に関係なく一定であるとする。

(9.2)式から，民間所得（Y）から定額税（T）を差し引くと，

$$C = a + c(Y - T) \tag{9.8}$$

が得られる。(9.8)式を(9.1)式に代入して Y について解くと，

$$Y = \frac{1}{1-c}(a + I + G - cT) \tag{9.9}$$

となる。定額税を ΔT だけ増加させると，所得の変化分は，

$$\Delta Y = \frac{-c}{1-c} \Delta T \tag{9.10}$$

となり，国民所得は減少することになる。

ここで，景気刺激策として政府支出の増加と減税のどちらの効果が大きいかをみてみよう。政府支出を ΔG だけ増やしたときの所得の増加は，(9.6)式のとおりである。一方で，ΔG と同額の減税 ΔT を実施した時の所得の増加 $\Delta Y'$ は，

$$\Delta Y' = \frac{c}{1-c}\Delta T \qquad (9.11)$$

となる。ここで，(9.6)式から(9.11)式を差し引くと，

$$\Delta Y - \Delta Y' = \frac{1-c}{1-c}\Delta G(=\Delta T) = \Delta G(\Delta T) \qquad (9.12)$$

となり，政府支出の増加は減税よりも景気対策に使った金額だけ所得創出効果が大きいことがわかる。これは，政府支出の増加 ΔG は全額が有効需要の増加となるため，乗数のプロセスは ΔG から始まるのに対して，減税は，可処分所得を増やすがその一部が先に貯蓄へと漏出してしまうためである。例えば，100億円の減税の場合，限界消費性向（c）が0.8ならば，消費分80億円は有効需要に寄与するが，貯蓄分20億円は寄与しないことになる。したがって，この分だけ，減税の景気浮揚効果は減殺されることになる。以上のことは，政府支出の増加を増税で賄う場合でも，所得は ΔG だけ増加することを表している。このことを均衡予算定理という。

フィスカルポリシーの機動性　フィスカルポリシーは，許容できない物価上昇と失業を克服して経済の安定化を達成する手法として効果を発揮してきた。しかし，ミルトン・フリードマンをはじめとしたマネタリストなどから指摘されているように，フィスカルポリシーには政治的および技術的な理由から政策効果の実現までのラグの問題がある。

　ラグには，第1に，景気対策の必要を認知するまでの認知ラグがある。このラグの長さは，必要な統計資料の収集や整理，そして当該資料に基づく情勢判断が行われる頻度および経済予測の水準に依存することになる。第2に，認知から財政措置の立法化と実施までの過程で生じる実施ラグである。実施ラグは，立法面で国会での審議・承認の必要からくるもの，行政面で権限・組織の調整からくるもの，技術面で業者の選定などに要する時間からくるものに分類できる。第3に，実施による作用が波及してその効果がほぼ達成されるまでの反応

ラグである。これは乗数効果の波及過程の問題であり，民間経済の反応の仕方や速度に依存することになる。

フィスカルポリシーが効果を発揮するためには，政策措置が機動的に発動されること，そしてその効果が迅速に発現することが求められる。政策効果が発現するまでに時間がかかりすぎると，経済情勢が変わってしまう可能性があるためである。したがって，フィスカルポリシーにおいては，認知ラグや実施ラグを可能な限り短縮し，政策効果の発現を迅速化することが肝要となる。

2 ビルトイン・スタビライザー

政府による経済安定化政策は，裁量的な政策だけではなく，財政システムの中に組み込まれ，経済状況に応じて自動的に有効需要を調整する装置が存在する。この装置のことをビルトイン・スタビライザー（自動安定化装置）という。具体的には，収入面では累進税率構造をもつ所得税や景気変動に対する感応度が高い法人税を採用し，支出面では失業保険や生活保護費などの社会保障給付費を採用することにより，国民経済における総需要の変動を緩和する役割を果たしているのである。

ビルトイン・スタビライザーとしての機能は，租税構造に大きく依存する。ここで問題となるのが，ビルトイン・スタビライザー効果の大きさであるが，ビルトイン・スタビライザーの効果の大きさは，景気変動に応じて税収が自動的に変動しないと仮定した場合の国民所得の変化と，実際の国民所得の変化とを比較することによって測定することができる。

さて，前節における租税乗数効果の議論は，税収が所得とは無関係に決まる定額税を想定してきた。しかし，実際の経済では，税収は所得に応じて変化することは明らかである。したがって，(9.8)式で示される消費関数は，税収を所得の一定割合すなわち tY と設定することで，より現実的な分析ができるであろう。

ここで，政府支出 (G) を一定とし，民間投資 (I) は租税に影響を受けない

と仮定すると，国民所得の変動の決定は，

$$\varDelta Y = c(\varDelta Y - t\varDelta Y) + \varDelta I \tag{9.13}$$

となる。$\varDelta T = t\varDelta Y$ であり，民間消費の増加分 $\varDelta C$ は，可処分所得の増加分 ($\varDelta Y - t\varDelta Y$) に依存して決定されるため，(9.13)式を変形すると，比例所得税の場合における，投資の変動による国民所得の変化は，

$$\varDelta Y = \frac{1}{1-c(1-t)} \varDelta I \tag{9.14}$$

となる。

さて，税制のビルトイン・スタビライザーの効果は，税収の所得弾力性 (E) が大きいほど強く発揮される。税収の所得弾力性は，国民所得の変化率 $\varDelta Y/Y$ に対する税収の変化率 $\varDelta T/T$ で表すことができるため，

$$E = \frac{\varDelta T}{\varDelta Y} \times \frac{Y}{T} \tag{9.15}$$

となる。$t = \varDelta T/\varDelta Y$ であるため，(9.15)式から，

$$t = E \times \frac{T}{Y} \tag{9.16}$$

が得られる。

さて，ここで実際の国民所得の変化 ($\varDelta Y$) と，自動的伸縮がない場合に生じたであろう国民所得の変化分 ($\varDelta Ya$) との比率をもってビルトイン・スタビライザーの尺度 (α) を求めると，

$$\alpha = \frac{\varDelta Ya - \varDelta Y}{\varDelta Ya} = \frac{ct}{1-c(1-t)} \tag{9.17}$$

となる。(9.18)式に(9.17)式を代入すると，次式が得られる。

$$\alpha = \frac{c \times E \times \dfrac{T}{Y}}{1 - c\left(1 - E \times \dfrac{T}{Y}\right)} \qquad (9.18)$$

(9.18)式より，税制のビルトイン・スタビライザーの効果の大きさは，限界消費性向（c）と税率（t）に依存し，税率が高いほど大きくなることがわかる。つまり，税制のビルトイン・スタビライザーが効果的に発揮するためには，国民所得に占める税収額の比率が高く，税収の所得弾力性が高い租税体系を構築することが必要となる。

ビルトイン・スタビライザーは安定化効果の発現が迅速であるため，フィスカルポリシーの場合のようにタイム・ラグの制約を受けない点に大きな特徴がある。

3　IS-LM 分析

第1節の国民所得決定の理論では，投資を所与として，政府支出政策と租税政策の効果を考えてきた。しかし，ケインズ経済学では，流動性選好に基づく貨幣需要が利子率と国民所得の決定に影響を及ぼすことが明らかにされており，貨幣的側面にも焦点をあてる必要がある。こうした事を踏まえ，以下では，財市場と金融市場が同時に均衡するように国民所得を決定する IS-LM 分析について解説する。まず，IS-LM 分析の基本的枠組みを説明する。そして，IS-LM 分析を用いて，総需要管理整策としてのフィスカルポリシーと貨幣供給調整策としての金融政策の効果について検討する。

財市場と金融市場の均衡条件

財市場と金融市場に関する均衡条件を説明する。ここでは物価は一定であるが，利子率が変動する経済を想定する。

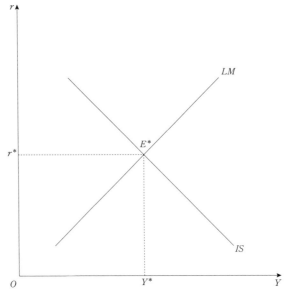

図9-3　財市場と金融市場の同時均衡

　まずは，財市場における均衡条件を考えてみよう。ケインズ経済学においては，投資（I）は利子率（r）の減少関数であるが，貯蓄（S）は利子率に関し非弾力的で国民所得（Y）のみの増加関数とみなされている。すなわち，財市場の均衡条件は，

$$S(Y)=I(r) \tag{9.19}$$

で決定される。この条件を満たす利子率と国民所得の関係を図示すると，図9-3のようになる。この図で示された，財市場の均衡状態における利子率（r）と国民所得（Y）の負の相関関係を表した右下がりの曲線を，IS曲線とよぶ。同曲線の下方では財市場は超過需要（$S<I$）であり，上方では超過供給（$S>I$）になっている。財市場では，貯蓄と投資が等しくなければ均衡化プロセスが働き始め，最終的には需要と供給が均衡するまで，つまりIS曲線上の点に至る

まで，国民所得は調整されることになる。

一方で，金融市場の均衡条件は次のように考えられる。実質マネーサプライ（M/P）に対する需要，すなわち流動性選好（L）は，経済取引の必要上手元に現金を保有しようとする取引的需要（L_1）と，貯蓄手段として貨幣を保有しようとする投機的需要（L_2）から構成されると考える。取引的需要（L_1）は所得水準の増加関数であり，投機的需要（L_2）は利子率の減少関数である。また，貨幣供給量（M）は，政策的に決定される外生変数である。したがって，貨幣市場の均衡条件は，

$$M = L_1(Y) + L_2(r) \tag{9.20}$$

で示すことができる。(9.20)式を満たす利子率と所得との関係は，図9‐3のLM曲線で表され，一般に右上りの曲線で示される。LM曲線の上方は貨幣が超過供給（$L<M$）であり，下方では貨幣が超過需要（$L>M$）である。すなわち，金融市場では，貨幣供給量が流動性選好と均衡するように国民所得は調整されるのである。

2つの市場においては，それぞれIS曲線およびLM曲線の線上に至るまで，国民所得や利子率が調整されるため，IS曲線とLM曲線は，最終的に交点E^*に至る。交点E^*は，財市場と金融市場が同時に均衡する状態であり，ここで均衡国民所得Y^*と均衡利子率r^*が決定することになる。

経済安定化政策の効果

図9‐4は，財市場と金融市場が同時に均衡している時のフィスカルポリシーと金融政策の効果について示したものである。図9‐4における初期の均衡点は，IS_0曲線とLM_0曲線の交点であるE_0で示される。また，所得水準はY_0であり，利子率はr_0である。初期の所得水準（Y_0）が不完全雇用水準であるならば，政府支出の増加によって所得水準の引き上げが行われることになる。このことは，IS曲線がIS_0からIS_1へと右上方へシフトすることによって示さ

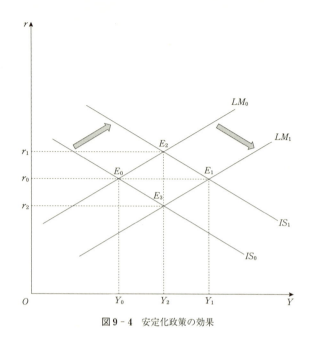

図 9-4 安定化政策の効果

れる。このとき,利子率が r_0 の水準で留まるとすれば,新たな均衡点は E_1 となる。E_0E_1 は政府支出の乗数倍の所得増加を表すことから,所得水準は Y_0 から Y_1 へと引き上げられることになる。

ただし貨幣的要因を考慮すると,利子率は r_0 から r_1 へと上昇することになり,新たな均衡点は E_2 となり,所得水準は Y_2 にとどまることになる。これは,投資は利子率の減少関数であり,利子率の上昇は民間投資を減少させ,その減少分のマイナスの乗数効果が働くためである。こうした効果をクラウディングアウト効果という。

同じ図において金融政策の効果をみることができる。金融緩和の効果は,LM 曲線の LM_0 から LM_1 への右下方シフトによって示すことができるため,新たな均衡点は,IS_0 曲線と LM_1 曲線の交点である E_3 であり,国民所得の水準は Y_2 となる。この所得水準は,LM_0 曲線と IS_1 曲との交点である E_2 の場合と同じであるが,これは利子率の低下 ($r_1 \to r_2$) により民間投資が増加した

第❾章 経済安定化政策

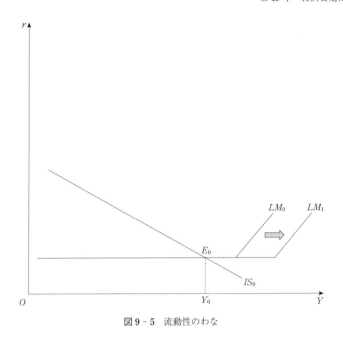

図9-5 流動性のわな

結果のためである。すなわち,政府支出の増加と金融緩和は所得水準を引き上げる効果をもつが,金融緩和は利子率を引き下げるのに対して,政府支出の増加は利子率を引き上げる効果をもつことになる。

特殊なケースにおける安定化政策の有効性

このように,IS-LM 分析により,フィスカルポリシーと金融政策の有効性を検討することができるが,ここではさらに3つの極端なケースについて取り扱う。

貨幣需要の利子弾力性が無限大の場合 まずは,貨幣需要の利子弾力性が無限大の場合,いわゆる「流動性のわな」のケースである。この場合,貨幣供給量 (M) を増やして利子率 (r) を下げるにしても,利子率の低下には下限がある。そして,利子率がいったん下限に達すると,いくら貨幣供給量を増やしても利子率は下がらず,国民所得を増加させることはできなくなるのである。

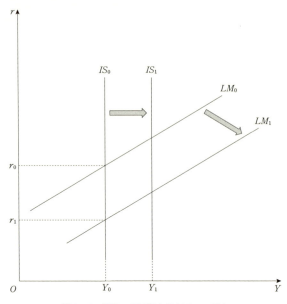

図 9-6 投資の利子弾力性がゼロの場合

これを図示したものが図 9-5 である。この図から明らかなように,「流動性のわな」にかかった状態とは, LM 曲線が長い水平部分をもつということであり, 貨幣供給量を増やしても, LM 曲線は, LM_0 から LM_1 へシフトするだけとなる。したがって, いくら貨幣供給量を増やしても, 均衡点は E_0 から動くことはなく, 国民所得も Y_0 から増加しなくなる。つまり, 金融政策は完全に無効となり, こうした状況では財政政策が有効になる。

投資の利子弾力性がゼロの場合　投資の利子弾力性がゼロの場合においても, 金融政策は完全に無効となる。この場合では, 貨幣供給量 (M) の増大により利子率 (r) は低下するが, 投資 (I) は全く増大しないため所得水準 (Y) も増加しなくなる。この状態を図示したものが図 9-6 である。ここでは IS 曲線が垂直線となって, 貨幣供給量の増大により LM 曲線は LM_0 から LM_1 へとシフトしても, 利子率は, r_0 から r_1 に低下するが投資は増加しないため, 国民所得は Y_0 に留まることになる。この場合, IS 曲線を右方にシフト

第❾章 経済安定化政策

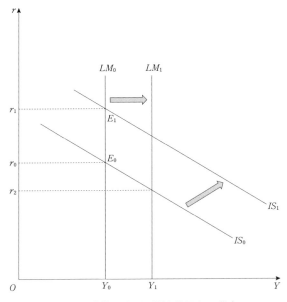

図9-7 貨幣需要の利子弾力性がゼロの場合

($IS_0 \to IS_1$) させる裁量的な財政政策が有効となる。

貨幣需要の利子弾力性がゼロの場合　貨幣需要の利子弾力性がゼロの場合は，裁量的な財政政策が無効であり金融政策が有効になる。この場合，政府支出（G）の増加は所得水準（Y）を引き上げるが，貨幣供給量（M）が不変であるため，利子率（r）は r_0 から r_1 へ急激に引き上げられることになる。その結果，民間投資（I）の減少により，所得水準（Y）は低下することになる。このことを図9-7で見ると，政府支出の増加により，IS 曲線は IS_0 から IS_1 へとシフトするが，新たな均衡点である E_1 では所得水準が変わっていないことがわかる。これに対し，貨幣供給量（M）の増加は LM 曲線を LM_0 から LM_1 へとシフトさせ，利子率を r_0 から r_2 に低下させることになる。これにより民間投資の増大は，所得水準を Y_0 から Y_1 へと高めることになる。

4　開放経済下の国民経済

　ここまでの議論は国際貿易の存在を捨象して，閉鎖経済を想定してきた。本節では，まずは外国貿易を考慮すると，国門所得決定の理論がどのように変化するのかを説明する。そして，IS-LM 分析に海外部門を組み入れたマンデル＝フレミング・モデルを用いて，国際間の資本移動や為替レートの変化を考慮にいれた場合のマクロ経済政策の効果について解説する。

外国貿易と国民所得

　マンデル＝フレミング・モデルでは，完全な資本移動を伴う小国経済を前提にしている。つまり，経済は資金を世界の金融市場で自由に貸し借りすることができ，その国の利子率は世界利子率の水準で決まるということである。

　輸出（EX）と輸入（IM）を考慮すると，国内の財市場の均衡条件は，

$$Y = a + c(Y-T) + I + G + (EX - IM) \tag{9.21}$$

となる。ここで，単純化のために為替レートが一定であると仮定すると，輸入は主として国内の景気に影響を受けることになる。したがって，輸入は所得（Y）の関数と捉えることができ，

$$IM = mY \tag{9.22}$$

と示すことができる。ここでいう限界輸入性向（m）は，所得が変化したときに輸入がどれだけ増加するかを示す値のことである。(9.21)式に(9.22)式を代入することにより，

$$Y = a + c(Y-T) + I + G + EX - mY \tag{9.23}$$

が得られる。そして，(9.23)式を Y について解くと，

$$Y = \frac{1}{1-c+m}(a-cT+I+G+EX) \qquad (9.24)$$

と表すことができる。閉鎖経済の場合の45度線モデルと比較すると，輸入が所得に依存している分だけ乗数の値は小さくなり，$1/(1-c+m)$ となる。たとえば，限界消費性向（c）を0.8，限界輸入性向（m）を0.3とした場合，閉鎖経済では5であった乗数は，開放経済では2（$1/(1-0.8+0.3)=1/0.5=2$）へ低下することになる。限界輸入性向（m）が高い値であるほど，需要が拡大したときに，拡大効果が輸入（IM）に向かう割合が高くなり，外国貿易が所得によって変化しないと想定した場合よりも乗数は小さくなるのである。

開放経済における安定化政策の有効性

前節の IS-LM モデルに国際間の資本移動とそれに伴う為替レートの変化を考慮した場合，フィスカルポリシーと金融政策の効果がどう変化するのかをみていこう。

財市場と金融市場の2つの市場に国際間の為替市場を追加すると，3つの市場を同時に均衡させるように，国民所得（Y），国内利子率（r），為替レート（e）が決定される。為替市場の均衡とは，国家間で新たな資金移動が起こらない状況のことである。

この3つの市場の均衡点は，図9-8の E_0 で示されている点である。図における FF 曲線は，為替市場の均衡を示す線である。FF 曲線が水平線である理由は，国内の利子率が海外諸国における利子率と同じであれば，国内外の投資で収益に差が生じないため，国家間での資金移動は起こらないと考えるためである。

固定相場制における有効性 図9-8を用いて，固定相場制における，政府支出増加の効果を考えてみよう。政府支出（G）が増加すると IS 曲線は，IS_0 から IS_1 へと移動し，LM_0 曲線と E_1 の点で交わることになる。この時，国内

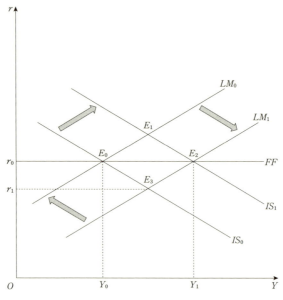

図9-8 開放経済における安定化政策

の利子率は，海外諸国における利子率（r_0）よりも上昇するため，資本流入が起こり，貨幣供給量（M）が増加することになる。その結果，LM曲線は下方にシフトすることになり，新たな均衡点はE_2となり，所得水準はY_0からY_1へと高まることになる。すなわち，固定相場制のもとではフィスカルポリシーは有効となる。

次に，金融政策の効果である。金融緩和により，LM曲線はLM_0からLM_1へとシフトし，E_3点で均衡することになる。この時，国内の利子率はr_0からr_1へと低下するが，国内の資本は海外に流出することになり，国内の貨幣供給量が減少するため，LM曲線はLM_1からLM_0へ逆戻りすることになる。つまり，固定相場制のもとでは金融政策は効果を発揮しないのである。

変動相場制における有効性　為替相場が変動することを考慮した場合では，金融政策の方がフィスカルポリシーよりも国民所得を増大させる効果は大きくなる。政府支出（G）を一定として，貨幣供給量（M）を増やした場合，LM

曲線は，LM_0 から LM_1 へとシフトすることにより，均衡点 E_0 から E_3 へ移ろうとする。しかし国内利子率が r_0 を下回ろうとすると，資金は海外へ流出し始め為替レート（e）が下落することになる。為替レートは輸出の減少関数かつ輸入の増加関数であるため，為替レートの下落は，輸出（EX）を増やし輸入（IM）を減らすことになる。その結果，国内生産物に対する需要が増加し，IS 曲線は IS_0 から IS_1 へと移動することになる。この時，均衡点は E_0 から E_2 へと移り，国民所得は Y_0 から Y_1 へと増加することになる。このように変動相場制における景気対策としては，貨幣供給量を増加する金融政策が有効な政策手段となる。

参考文献
伊藤元重『マクロ経済学』（第2版）日本評論社，2012年。
井堀利宏『財政』（第3版）岩波書店，2008年。
牛嶋正・米原淳七郎編『財政学入門』有斐閣，1975年。
小林弘明・佐野晋一・武田巧・山田久『入門マクロ経済学——大きくつかむ経済学のエッセンス』実教出版，2010年。
中谷巌『入門マクロ経済学』（第5版）日本評論社，2007年。
二神孝一・堀敬一『マクロ経済学』（第2版）有斐閣，2017年。
肥後和夫編『財政学要論』（第4版）有斐閣，1993年。

練習問題
問題1
財市場における需給ギャップについて説明せよ。

問題2
政府支出乗数と租税乗数の値が異なる理由を説明せよ。

問題3
開放経済における経済政策の有効性について，固定相場制の場合と変動相場制の場合に分けて説明せよ。

（高　哲央）

第10章
地方財政の基礎理論

本章のねらい

各国における政府間財政関係は大きく異なるが，大別すると，日本やイギリス，フランスなどにおける中央政府に財政の権能が集中した集権的財政システム（国‐地方）があり，他方，アメリカ合衆国やカナダのような連邦制国家（連邦‐州‐地方）が存在する。

集権的財政システムの下における財政活動は中央政府と地方政府の密接な財政関係の枠組の下で運営され，連邦制国家では中央政府と地方政府の関係は一般的に希薄である。いずれのシステムにおいても，政府部門の役割は市場経済を補完すると共に，国民の必要とする公共財の供給であることに変わりはない。

本章では，地方公共財のもたらす便益とその供給コストをできるだけ一致させることが望ましいとの観点から，日本のような集権国家における政府部門を念頭に置きつつ，地方政府の財政に関する基礎的な理論を紹介する。

---

1 地方分権と地方財政

公共サービスの分権的供給と集権的供給

公共サービス（公共財）の供給に関して，分権的に実施するのが望ましいか，または集権的に行うのが望ましいかは，当該公共サービスの性格や供給費用を考慮して決定されるべきである。分権的供給の機会費用は集権的供給のメリットであり，逆もそうである。経済学的には，公共サービスにおける分権的供給の社会的限界効用と集権的供給の社会的限界効用が一致するところが中央政府と地方政府の財政規模の均衡点であり，分権的供給が望ましいと一意的に決ま

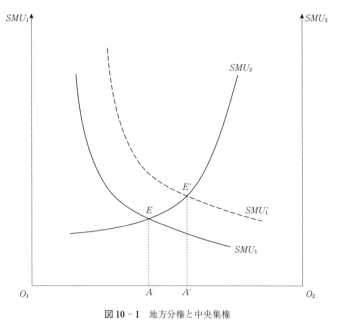

図10-1 地方分権と中央集権

るわけではない。このことを，図を用いて説明しよう。

　図10-1は，縦軸に地方分権及び中央集権の社会的限界効用（SMU）を測り，横軸は財源の総量である。原点 O_1 から右方へ地方政府の財源，逆に O_2 から左方へ中央政府の財源を示したものである。中央政府及び地方政府に対する事務配分と税源配分が一致しているものと仮定すると，（O_1A/O_1O_2）及び（O_2A/O_1O_2）は，それぞれ，地方分権度及び中央集権度とみなすことができる。地方分権の限界効用曲線 SMU_1 を右下がりに，中央集権の限界効用曲線 SMU_2 を右上がりに示してある。現行の分権度（集権度）が SMU_1 と SMU_2 の交点 E の下での A で示されるとする。地方政府は O_1A の財政活動を，そして中央政府は O_2A の財政活動を実施している。地方分権に対する国民の評価が高くなり，地方分権の限界効用曲線が SMU_1' へ上方移動するならば，均衡点は E' となり，地方政府の財源は O_1A' に拡大することになる。

　地方分権と中央集権は，その定義にもよるが現実には程度の問題であり，完

全な分権は存在しえない。地方政府の独立性はあくまでも相対的なものであることを忘れてはならない。財政的に分権度を高めた方が良いか，あるいは集権度を高めた方が望ましいかは国民福祉の維持向上の観点から判断されるべきである。

地方分権化への動きは，A 点からどの程度，右方へ移動するかであるが，一定の点に落ち着くまでには試行錯誤がなされるだろう。その際，経済社会の状況などを斟酌しつつ，長期的な視点から分権と集権のメリットとデメリットに関する議論が必要となる。

足による投票

公共財の供給が分権的に行われることのメリットは，公共財の供給において多様性が確保され，住民の選択可能性が広がることである。各個人は公共財に対して異なった選好をもっており，地方政府が住民選好に従って地方公共財を給付することにより公共部門における資源配分を効率化することができる。つまり，各個人が自らの選好にあった地方公共財を求めて各地方政府間を自由に移動することで，地方政府間の競争を促し，私的財に類似した方法で地方公共財の需給調整を行うというものである。これが，ティブー（Charles M. Tiebout）の足による投票という考え方が示唆するポイントである。

ティブーの「足による投票（voting with the feet）」は，以下の7つの仮定に基づいている。①人びとは地方政府間を自由に移動できる。②人びとはすべての地方政府の財政について完全な情報をもっている。③人びとが選択できる地方政府は多数存在する。④雇用の場所の制約はない。⑤地方政府間での地方公共財の外部効果は存在しない。⑥選好された公共財に関して最適な人口規模が存在する。⑦各地方政府は最適な人口規模の維持に努める。

この論理は，完全競争市場における競争均衡はパレート最適であるとする厚生経済学の第1定理に近似する。ティブー仮説は，租税と財政支出の組合せについて複数の選択肢を用意するような分権的システムの重要性を教えている。足による投票仮説が実際に機能するためには上記の厳しい条件が満たされなけ

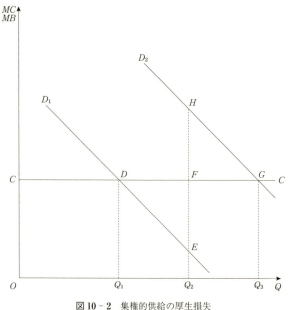

図10-2 集権的供給の厚生損失

ればならないが、地方公共財の分権的供給の必要性と、そのための財政システムのあり方を説く上で重要な意味をもっている。地方政府間の競争を促し、できるだけ最適な資源配分に向けて行財政運営を行う際の指針となりうる。

分権化定理

地方公共財が中央政府によって供給される場合、資源配分に歪みをもたらすことは、以下のように説明することができる。2つの行政区域 A, B があり、それぞれの地域住民の選好は異なっていると仮定する。図10-2は、縦軸に公共財の限界便益 MB と限界費用 MC、横軸に公共財の数量 Q が測られている。行政区域 A の住民の公共財に対する需要曲線は D_1、行政区域 B の住民の需要曲線は D_2 とする。両区域の地方公共財に対する需要の違いは、行政区域間における所得水準や公共サービスに対する選好の相違によるものと考えられる。

公共財を供給するための限界費用曲線を CC とすると、公共財の最適な供給

量は,行政区域 A では OQ_1, B 行政区域では OQ_3 となる。ここで,中央政府が画一的に公共財の供給量を OQ_2 に決めたとすると,行政区域 A における厚生損失は DEF, 行政区域 B にとっての厚生損失は FGH となる。すなわち,中央政府による画一的な供給は行政区域 A にとって Q_1Q_2 の過剰供給であり,B 地域にとっては Q_2Q_3 の過小供給となる。このように中央政府による画一的供給は資源配分の不効率を招来するため,それぞれの行政区域の需要に対応した分権的供給が効率的となる。これが,オーツ(W. E. Oates)の分権定理の骨子である。

公共財に対する行政区域間の選好が異なるほど,図10-2で示されている厚生損失は大きくなる。警察,消防,義務教育のような住民生活にとって必需的な公共財は,行政区域間における選好の差はそれほど大きくないと思われる。中央政府が公共財の供給水準を画一的に決定したとしても大きな厚生損失は発生せず,規模の経済による供給費用の引き下げのメリットを享受すればよい。しかし,所得水準の向上や選好の変化と共に政府部門の活動範囲が拡大し,住民の公共財に対する需要が必需的なものから選択的なものに拡大すると,行政区域間における選好の相違が中央政府による画一的供給の不効率を発生させることになる。

2 税源配分と地方税原則

集権的財政システムの下では,公共サービスは国家財政と地方財政によって供給されており,財政収入の根幹となるべき租税も徴収主体により国税と地方税に分類される。地方財政は,国家財政の基盤となる国民経済と異なり,地域経済の開放性,地域の独自性などといった特徴をもつため,地方税のデザインに際して求められる条件がある。すなわち,現実の地方税制度をできるだけあるべき姿に近づけるため,準拠すべき原則が地方税原則である。その際,ある地方政府の課税方針が他の地方政府に影響を与えないということが前提条件となる。以下では,中央と地方の税源配分,地方税原則,及び租税の外部効果について解説する。

中央と地方の税源配分

　集権的国家における中央政府と地方政府の間の税源配分をどのように考えればよいかについて，所得，消費，資産といった税源ごとに説明しよう。

　序章で述べたように，中央政府は所得再分配機能や経済安定化機能を遂行するため，所得課税は中央政府に配分することが望ましい。個人所得税や法人所得税は，国民経済の動向に影響を受けやすいため，年度間の税収の変動幅が大きく，また地域間の経済力格差による偏在性が高いからである。このことは，特に法人所得税において顕著である。個人所得税は累進税率構造をもち，高い所得再分配効果をもつため，資源配分機能を主たる役割とする地方政府の税源として望ましくないといえる。

　消費に対する課税は，景気変動の影響を受けることが少なく，地域間の偏在性が低いため，地方政府の財政基盤を安定的且つ強固なものにする上で，適した租税である。わが国のように地方税が中央政府により画一的に構築されている場合には，消費課税は地方政府の税源として望ましいといえる。しかし，地方政府に課税自主権があり，消費税率が地域間で異なると仮定すると，税率の低い地域で消費支出をするというクロス・ボーダーショッピングが誘発され，資源配分を歪めることになる。

　次に，資産に対する課税である。相続税や贈与税といった資産移転税は中央政府に配分し，固定資産税のような資産保有税は地方政府に配分することが望ましいといえる。固定資産税の課税客体である土地，家屋，償却資産は，地域間の可動性が相対的に低い。とくに，課税客体が土地であれば，税率の変化による地域間移動を誘発しない。したがって，租税競争を誘発することはなく安定的に税収を確保できる。また，基本的には土地の供給は一定であるため，土地課税の負担は所有者に帰着する。このため，租税輸出のように第3者に転嫁されることはない。このように，地方税として土地や家屋に対する資産課税は，収入の安定性，普遍性，税源の地域性などの点から，地方税として優れている。

地方税原則

　租税原則とは，地方政府の財政活動を支える基盤となる租税配分に関する基準である。各国において，税制改正の基本理念となっている公平，中立，簡素といった租税原則の枠組みの中で，地方税原則も存在するが，地方税の特性から国税とは違った固有の原則が要求される。無論，財源調達機能は前提となる。地方政府の経済活動の役割は，主として資源配分機能の遂行であり，当該行政区域における地方公共財の効率的な供給である。

　地方公共財の効率的な給付は，住民が享受する限界便益と，そのコストである限界費用が一致することで実現する。したがって，歳入の中心となるべき地方税の負担は，公共サービスからの受益とできる限り連動させる方が効率的である。こうしたことを念頭に置いて地方税原則をみてみよう。

応益性の原則　　応益性の原則とは，公共サービス給付の財源となる租税負担を配分する場合，担税力を重視する応能原則よりも，公共サービスから受ける便益に応じて租税負担を求めるという原則である。これは，地方政府の果たすべき役割からも敷衍することができる。また，地方政府が給付する公共サービスの便益の帰着は比較的容易に認識することが可能だからである。それに，租税負担という痛税感を通して地方政府の経済活動に対する住民の関心を高めることができる。それにより地方公共サービスに関するコスト意識を育むことができる。

負担分任原則　　負担の分任性とは，地方税の負担は当該行政区域の住民に広く負担されるべきという原則であり，公共サービスの受益に応じた租税負担を求める応益原則から派生している。負担分任の原則は，地方政府を一種のクラブとみなすと，会員である住民は会費を支払うべきとするものである。わが国における住民税の均等割がこれに相当するが，金額が極めて少ない。会費の納入は地域社会の構成員であるとの意識を醸成し，地方政府の実施する行財政活動への関心を高めることにより地方自治の発展に資するといえる。

安定性の原則　　安定性の原則とは，地方税収は景気の動向等に左右されず，税収は安定している方が望ましいという原則である。地方政府の

給付する公共サービスは，警察や消防，道路，教育など，地域住民にとって身近で日常的な消費活動や生産活動に不可欠なものである。これらの公共サービスは必需的性格をもち，経済社会の動向などによって，容易に増減できるものではない。公共サービスの受益と租税負担の連動のためにも，税収の安定性は不可欠な要件である。

普遍性の原則　普遍性の原則とは，税源がすべての地方政府に遍く存在するという原則である。とくに，緻密な財政調整制度の運営を前提とすると，中央政府による地方税制度の画一的な構築は不可欠である。国による地方政府間の財政力格差の調整と財源保障を実施しているわが国においては，税源の普遍性は大きな意味をもっている。しかし，地方政府が自由な課税権をもっているならば，税源の普遍性の原則は重要な基準ではなくなる。

地域性の原則　税源の固定性である。各地方政府が独自に税率を設定できると仮定すると，地域経済は開放体系であるため，地方政府間の租税競争が民間部門における資源配分を歪めることになる。税源の地域間移動が可能な場合，租税負担の高い地域から低い地域へ税源が移動する。こうしたことから，可動性の高い税源は望ましくなく，地方税には税源の固定性が求められる。この観点からも，多くの国において，土地や家屋に対する資産保有課税が地方税の中心になっている。

地方税の外部効果

　地方税制度を構築する場合，地方税の賦課が家計や企業の経済活動に与える影響を考慮する必要がある。中央政府及び地方政府の財政収入の根幹をなすのが租税であるが，両者は基盤とする経済に大きな違いがある。地方政府が依って立つ地域経済は，国境調整の可能な国民経済と異なり，生産要素が自由に移動する開放体系である。したがって，ある地方政府の財政活動が，他の地方政府の財政活動に影響を及ぼすことになる。このように，地方政府の施策が当該行政区域外の住民の厚生に影響を与えるとき，財政的外部効果が発生するという。

以下では，分権的財政システムの下で，地方政府が独自の税制を構築することが可能であると仮定して，租税の外部効果を紹介しよう。租税の外部効果とは，ある地方政府による税率の変更が市場取引を経ないで，他の行政区域の住民の厚生に影響を及ぼすことであり，資源配分に歪みをもたらす。租税の外部効果を地方政府間についてみると，租税競争と租税輸出を考えることができる。

　まず，租税競争とは，各地方政府が行政区域間を自由に移動可能な課税ベースに租税を賦課している場合に，他の行政区域から課税ベースを引き寄せるため，税率の引き下げ競争を展開することである。地方政府間における課税ベースの争奪である。移動可能な課税ベースの例として，消費や資本などをあげることができる。消費に関する租税競争としてクロス・ボーダーショッピングを狙いとした税率引き下げ競争が考えられるが，行政区域間を移動可能な企業に対して，企業誘致などを狙いとして税率の引き下げ競争が生じるだろう。このような税率の引き下げ競争の結果，各地方政府の税率は適正水準を下回り，財源が減少し供給される公共サービスの量も減少することになる。逆に，行政区域間の移動不可能な法人に関して税率の引き上げ競争が生じる可能性がある。税率の引下げ競争，及び引上げ競争のいずれも資源配分の歪みを招来する。

　次に，他の行政区域に租税負担を転嫁する租税輸出について考えてみよう。租税輸出とは，ある行政区域から移出される財に課税することにより，当該行政区域内の住民に賦課すべき租税負担を他の行政区域の住民に転嫁することをいう。その結果，財の価格上昇などを通じて他の行政区域の住民の消費行動に直接的に影響を及ぼすことにより，他の行政区域の住民の厚生に影響を与える。地方政府が当該行政区域内の住民の厚生のみ考えている場合には，他の行政区域の住民が課税区域の租税を負担しているとしても，その租税負担については考慮しないだろう。課税区域の租税負担はその行政区域内に限っていえば減少し，地方公共財の供給費用が低下するため，公共財の供給が最適水準よりも過大となる。このように，地方政府による租税輸出は資源配分の歪みをもたらす。

　わが国における中央政府と地方政府の財政的連携は極めて密接であり，効率性よりも行政区域間の公平性を重視したシステムとなっている。現行の強力な

財政調整制度の下では，租税競争や租税輸出といった現象は限定的である。今後，地方政府の課税自主権の拡大を狙いとした地方税制度のデザインが推進される場合には，こうした地方税の外部効果を考慮する必要がある。

3　補助金の経済効果

集権的財政システムの国々では，中央政府と地方政府の財政関係は緊密である。その中で，主たる財政関係が補助金と呼ばれる中央政府から地方政府への財源トランスファーである。補助金は公的に必要がある場合に交付されるものであるため，補助金を交付される地方政府は一定の義務を負い，一定の監督に服さねばならない。中央政府から地方政府に交付される補助金については，中央と地方の財政関係のあり方と関連して，健全な地方自治を歪める恐れがある。そのため，補助金が与える経済効果について十分に検討する必要がある。

補助金の種類

中央政府から地方政府への補助金は，一般的に，次のように分類される。第1は，地方政府に対して補助金が交付される場合，中央政府による使途指定の有無である。使途が特定されないものを一般補助金と呼び，特定の公共サービスに使途が限定されているものを特定補助金と呼んでいる。第2は，地方政府の歳出に応じて補助額が変動するか否かである。地方政府の事務事業の一定割合として，地方歳出に応じて交付額が変動する補助金が定率補助金であり，地方歳出と関係なく一定金額が交付される補助金が定額補助金である。第3は，定率補助金の上限の有無である。上限が設定されているものを制限付補助金，上限がないものを無制限補助金と呼ぶ。

このように，経済学的に重要な区分は，まず一般補助金と特定補助金であり，次に特定補助金における定額補助金と定率補助金，さらに特定定率補助金における制限付補助金と無制限補助金である。

スピルオーバー効果と特定補助金

　地方政府の供給する公共サービスの多くは，その便益の及ぶ範囲が当該地方政府に限定されている。地方公共サービスの内容と供給水準が，中央政府によって決定されるのではなく，地方政府に委ねる方が便益の及ぶ範囲と課税地域の一致が得られ易いと考えられる。

　しかしながら，地方政府の供給する公共サービスの便益が，その行政区域を越えて近隣地域の住民に及ぶことがある。この便益の漏出はスピルオーバー効果と呼ばれている。スピルオーバー効果が大きいとき，漏出した便益を享受する近隣地域の住民も負担を負うべきであるが，実際にはその便益の及ぶ範囲を確定することは困難である。

　また，公共サービスを供給する地方政府が，スピルオーバーする便益分を考慮して当該事業を実施するとは限らない。このような場合，中央政府は特定補助金の形で近隣地域の住民に代わって費用の一部を負担し，その公共サービスを最適供給量で実施させる必要がある。

　図10-3には，横軸に公共サービスの給付水準 Q が測られ，縦軸には限界費用 MC と限界便益 MB が測られている。説明の単純化のため，社会的限界費用 SMC を一定とし，横軸に平行な CC 線（供給曲線）で表すこととする。そして，公共サービスが当該地域住民にもたらす限界便益を DD_1（需要曲線）で表す。これに対して，近隣地域に漏出するスピルオーバー分を加えた社会的限界便益 SMB を DD_2 で表す。したがって，DD_1 線と DD_2 線との乖離がスピルオーバーした便益を表すことになる。

　当該公共サービスを供給している地方政府，及び近隣の地方政府を含む社会全体の余剰を最大化する供給量を考えてみよう。消費者余剰は，需要曲線下の面積から供給曲線下の面積を差し引いたものである。

　当該地方政府がその住民の享受する消費者余剰を最大となるように供給水準を決定するとすれば，均衡点は E_1，供給量は Q_1 となる。このとき，その地方政府の地域住民が受ける消費者余剰は CE_1D の面積で与えられる。しかし，実際には，スピルオーバー効果の存在のため，近隣地域も含めた社会全体の便

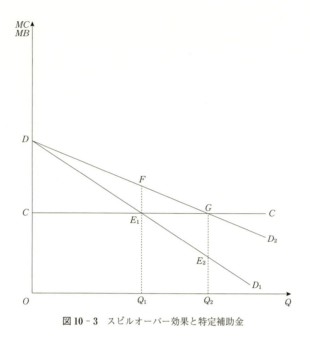

図10-3 スピルオーバー効果と特定補助金

益を考慮すれば，消費者余剰は CE_1FD となり，Q_1 の供給量では過小である。供給量を Q_1 から Q_2 に増加させることによって，消費者余剰を E_1GF だけ，増加させることができるからである。

近隣の地方政府の住民が享受する便益を含む社会全体の消費者余剰を最大にする地方公共財の供給水準は，需要曲線 DD_2 と供給曲線 CC の交点 G における供給水準 Q_2 で与えられる。このときの消費者余剰は CGD となり，社会全体として最大となる。

しかし，当該地方政府が自主財源を使ってこの Q_2 の水準で供給するとすれば，過大供給とみなされる。なぜなら，当該地域住民の消費者余剰は E_1E_2G だけ減少することになるからである。したがって，中央政府は社会全体の消費者余剰が最大となるように，当該地方政府に対して公共サービス1単位当たり E_2G に等しい特定補助金を交付し，Q_2 水準の供給量を確保すべきである。この場合の補助率は E_2G/Q_2G である。

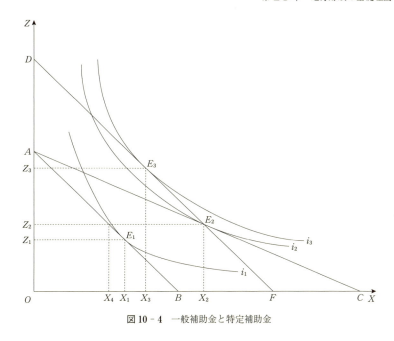

図10-4 一般補助金と特定補助金

　これがスピルオーバー効果を伴う公共サービスに対する特定補助金の役割であり，中央政府が地方政府へ特定補助金を交付する理論的根拠となっている。わが国では，国から都道府県と市町村に対して交付される国庫支出金，及び都道府県から市町村に交付される都道府県支出金が特定補助金である。

一般補助金と特定補助金の経済効果
　中央政府から地方政府へ補助金が交付される場合，住民の厚生水準に与える効果をみてみよう。補助金は使途の拘束性から一般補助金と特定補助金に分類される。両補助金が地方政府の財政支出や住民の厚生水準に及ぼす効果について説明しよう。
　地方政府は X 財と Z 財という2種類の公共サービスを供給していると仮定する。図10-4で AB は補助金交付前の地方政府の予算制約線である。予算額のすべてを公共サービス X に配分したときに供給できる X の量は OB，予算

のすべてを公共サービス Z に配分したときに供給できる Z の量は OA である。そして，AB の間の予算制約線上は，X と Z の両財に予算を配分したときの組合せである。

この予算制約線上で地方政府は住民の効用を最大にするように予算を X と Z に配分する。ある地域が公共サービス X と Z の組合せに対して無差別曲線 i で表されるような選好をもっているとする。ここで，無差別曲線は X と Z の消費から得られる効用が等しい組み合わせを結んだものであり，等効用曲線である。

地域住民の厚生を最大にする補助金交付前の組合せは，無差別曲線 i_1 と予算線 AB が接する点 E_1 であり，E_1 点はパレート最適点であると仮定する。この場合，公共財 X は OX_1，公共財 Z は OZ_1 の量が供給されている。ここで，公共財 X に対して補助率（BC/OC）の定率補助金が交付されるとしよう。AC が特定補助金交付後の新しい予算制約線である。地方政府が公共財 X にのみに予算を投入すれば，補助金交付後は（OC/OB）倍に等しい X を住民に供給することができる。X に対して補助率（BC/OC）の特定補助金が交付されるため，地方政府が支払わなければならない1単位当たりの X の費用が補助率分だけ低下するためである。定率補助金交付後の X と Z の組合せは E_2 点となり，この場合，補助対象である X の供給量が増加し，同時に Z の供給量も増加する。

特定補助金交付前の予算では，公共サービス Z を OZ_2 だけ供給すれば，X の供給量は OX_4 であったが，特定補助金の交付によって X は OX_2 の供給が可能になり，このときの特定補助金額は X_4X_2 となる。

さて，特定補助金と同じ金額を一般補助金として交付する場合を考えてみよう。使途が特定されない一般補助金は X，Z のいずれの公共サービスにも支出可能であり，特定補助金の場合のように X の単位当たり費用が低下するわけではない。一般補助金交付後の予算制約線は AB に平行で，E_2 点を通る DF となり，地方政府は X と Z の組合せを E_3 で決定する。X は OX_3，Z は OZ_3 の供給量である。E_2 と E_3 は，予算線 AB と勾配の等しい DF 上にあるため，

補助金は同額である。

　地域住民の厚生水準に与える効果を特定補助金と一般補助金を比べると，特定補助金を交付した時の厚生水準は i_2 であるのに対して，一般補助金の場合は i_3 であり，同額の補助金であるが，地域住民の厚生は一般補助金の方が高くなるのである。

　このように，理論的には特定補助金を一般財源化することで，地域住民の厚生水準は上昇するため，地方政府に対する中央政府の財源補塡は一般補助金が望ましいとされる。特定補助金は，一定の公共サービス水準の確保，特定の事務事業の奨励，前述のスピルオーバー効果を伴う公共サービスの最適水準の確保などといった資源配分の最適化の役割を有している。

　中央政府がその政策を遂行する場合，あるいは特定の公共サービスの奨励を狙いとする時に，特定補助金は効果を発揮する。中央政府による地域政策などの実施は全国的見地からの政策バイアスを必要とし，特定補助金の役割である。地方政府の自主性や自律性という観点から，特定補助金より一般補助金が望ましいのは当然であるが，特定補助金本来の機能を考えれば，その存在理由はなくならない。

参考文献

池宮城秀正編著『国と沖縄県の財政関係』清文社，2016年。
貝塚啓明・財務省総合政策研究所編『分権化時代の地方財政』中央経済社，2008年。
日本地方財政学会編『地方財政の四半世紀を問い直す』勁草書房，2018年。
木下和夫編『地方自治の財政理論』創文社，1966年。
神野直彦・小西砂千夫『日本の地方財政』有斐閣，2014年。
林宜嗣『地方財政』（新版）有斐閣，2008年。
持田信樹『地方分権の財政学』東京大学出版会，2004年。
堀場勇夫『地方分権の経済理論』東洋経済新報社，2008年。
米原淳七郎『地方財政学』有斐閣，1977年。
米原淳七郎・岸昌三・長峰純一訳『地方分権の財政理論』第一法規出版，1997年
　（Oates, W. E., *Fiscal Federalism,* Harcourt Brace Jovanovich Inc., 1972）。

練習問題

問題 1
地方分権と中央集権について，そのメリットとデメリットを論じなさい。

問題 2
地方公共サービスのスピルオーバーと特定補助金について述べなさい。

問題 3
一般補助金と特定補助金が住民の厚生に与える効果について述べなさい。

（池宮城秀正）

第11章
地方財政の実情

本章のねらい

　前章では，主として集権国家を念頭に置いて，地方政府の財政活動に関する理論的側面を紹介した。本章では，日本における地方財政の実情について解説する。日本の地方財政は規模が大きく，かつ地方歳入における国の財源トランスファー依存度が高いのが特徴である。それに，地方歳入及び地方歳出とも国のコントロールが強く画一的であり，地方公共団体の自主性を削いでいるともいえるが，効率性よりも，全国の行政区域間における公平性を重視したシステムであるといえよう。

　こうした点を踏まえ，日本における国と地方の財政関係，地方歳入及び地方歳出の実情について解説する。

1　国と地方の財政関係

　地方公共団体は，地方自治法により人格を認められた公法人で，普通地方公共団体と特別地方公共団体がある。前者は，都道府県と市町村であり，後者は，特別区や財産区などである。都道府県は市町村を包括する広域的地方公共団体であり，基礎的な公共サービスの提供に責任をもつ市町村は基礎的地方公共団体である。都道府県と市町村は法律上対等の関係にある。

　地方公共団体は，その存立または住民の福祉を増進するために必要とされる自治事務と本来国の役割に係るものであるが，国においてその適正な処理をとくに確保する必要がある事務として法令で定める法定受託事務を処理する。

　ここで国と地方の財政関係とは，国の一般会計と地方の普通会計との財政資

金の授受である。地方から国への財源の移転も若干あるが，太宗は財政力格差是正や財源保障，国の政策の実施などを狙いとして，国から地方への財源トランスファーである。

地域間格差と財政力格差

地域間格差　地方公共団体における資本や労働力などの生産要素の賦存量の相違等により，行政区域間における経済力格差が惹起される。市場メカニズムによる資源配分を旨とする国民経済において，地域間あるいは行政区域間における経済力格差は，現実には縮小に向かっているというよりは，むしろ拡大する傾向にある。

地方公共団体間の経済力格差は所得，消費，資産等の税源の格差をもたらしている。税源格差は地方税収の格差につながり，結果として財政力格差を惹起している。概ね，地方税収が少なく，かつ公共サービスの供給コストの高い地域における地方公共団体が財政力の弱い団体である。各行政区域において，給付される公共サービスの社会的限界便益とその供給コストである社会的限界費用が一致することが理想であるが，財政力の弱い地方公共団体においては前者が後者を大きく上回っており，その乖離は極めて大きいのが実情である。その乖離を埋めているのが，国から交付される地方交付税や国庫支出金などの財源トランスファーである。

地方行財政制度は国によって構築され画一的であるが，47都道府県，791市，927町村（2017年3月31日現在）が存在し，北海道から沖縄県まで南北に細長く，それぞれの地方公共団体の自然的・歴史的・経済的条件，人口規模等の条件は変化に富んでおり，千差万別である。ちなみに，人口と面積を47都道府県でみると，人口の最も多い東京都1,353万人は最も少ない鳥取県58万人の23倍であり，最大の面積を誇る北海道7万8,426km^{2}は最小の香川県1,877km^{2}の42倍の広さである。これを市町村単位でみると，さらに差は大きくなる。市町村で，人口最少の団体は東京都の青ヶ島村で175人であり，最大は横浜市の372万人である。

人口増加率や人口1人当たり税収，財政力等に大きな差異がある。都道府県の人口増加率（国調人口2010～2015年）をみると，増加したのは東京都，沖縄県，埼玉県など8団体である。近年では，南関東，とくに東京都への人口流入が著しい。財政力の弱い地方圏における人口減少の速度は急激であり，地域の経済や財政などのあらゆる面において大きな影響を及ぼしている。

2016年度における人口1人当たり県民所得の全国平均を上回った都道府県は，11都県のみであり，残りの36道府県は全国水準以下である。とくに財政力指数の低い県は，概ね，低所得グループを形成している。市場メカニズムを旨とする国民経済の下では，こうした低所得県が全国水準の所得を達成するのは至難の業である。

東京，名古屋，大阪の三大都市圏及びその近隣の地方公共団体は経済活動水準が高く税源に恵まれている。したがって財政力の強い自治体が多いが，逆に人口減少の著しい地方圏の団体は税源自体が稀少なのである。地方公共団体の税収は所得，資産，消費等の税源の賦存量に依存するが，こうした税源の乏しい地方公共団体は，概ね公共サービスの供給費用が高い自治体である。とくに財政力の弱い基礎自治体では，地方交付税や国庫支出金などの国による財源補填がなければ，自治体の維持すら不可能な状況にある。

大都市圏と地方圏の財政力格差 　総務省は財政力指数に基づき都道府県財政を6グループ（A～F）に分類している。A～Eは財政力指数の高い順であり，Fは他の道府県と行政権能，財政力，規模等において著しく異なる東京都である。財政力指数の最も低いEやDグループは財政力の弱い地方公共団体であり，人口減少率は全国平均に比べて著しく高い。こうした財政力の弱い地方公共団体は人口密度が低く，かつ，過疎地や限界集落を多く抱えた団体である。ちなみに，2016年度における財政力指数0.3未満のEグループは島根県，高知県，鳥取県である。

地方税は，三大都市圏の地方公共団体において多く収納され，財政力指数Eグループ3県を始めとする地方圏の自治体では税源自体が乏しいのである。人口1人当たり所得と人口1人当たり地方税は高い相関がみられる。なお，地方

税と地方交付税などを加えた人口1人当たり一般財源をみると，地方税の場合とは逆に，財政需要の多い地方圏において全国水準より高い値を示しており，三大都市圏の地方公共団体は低い金額である。これは，地方交付税が地方税の代替財源としての性格をもっているためである。

　さらに，人口1人当たり歳入額（2016年度決算）をみると，一般財源と同様に地方圏において多く，三大都市圏においては少ないが，地方圏と大都市圏の相対的な差はさらに大きくなる。特定財源補填の国庫支出金も，地方交付税と同様に財政力の弱い地方公共団体に傾斜的に配分されているからである。

　このように，国からの財源補填により，どの地方公共団体においても一定水準の公共サービスの給付が実現されている。地方圏において，とくに過疎化が著しく進展している地方公共団体において人口1人当たり財政規模が大きいのは，地理的条件や地域属性の差などにより，公共サービスの供給コストが高くなるからである。

　国と地方の財政関係をみると，労働や資本といった資源の効率的配分に資するというよりは，むしろ公平性に重きを置いたシステムであるといえる。国民経済において，効率性と公平性のバランスをどう取るかが大きな課題である。ただ，地域経済の主役は家計や企業の民間部門の経済活動であり，財政の役割はその補完であることを認識すべきである。

国と地方の税財源配分

税源配分と純計歳出額　日本における財政全体に占める地方財政の割合は，イギリスなどの他の単一国家に比べてかなり高いが，地方歳入に占める地方税の比率はかなり低い。上述のように，地方税を根幹とする自主財源と歳出との乖離を埋めているのが，国から地方への膨大な財源のトランスファーである。

　まず，図11-1から，2016年度における国と地方公共団体（都道府県・市町村）の税財源配分を概観しよう。国税59兆円，地方税38.6兆円であり，国税と地方税を合計した租税総額は97.5兆円である。その内訳は国税が60.5％と地方税39.5％であり，国税：地方税≒3：2，である。一方，租税や公債などを財源

第 11 章 地方財政の実情

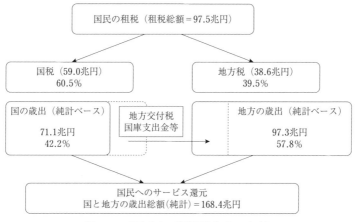

図 11 - 1　国と地方の税財源配分（2016年度）
（出所）　総務省ホームページ。

とする国の歳出総額は105.9兆円で，そのうち地方に対する支出は36.2兆円に上り，国の歳出総額の36.8％を占めている。地方歳出総額97.3兆円のうち，地方の国に対する支出は国直轄事業負担金の約0.8兆円である。国と地方の重複を控除した最終支出（純計ベース）でみると，国の純計歳出額は71.1兆円，地方の純計歳出額は97.3兆円であり，国と地方の財政規模の比率は，概ね，2対3，である。

このように，租税収入における国と地方の比率（3：2）と，最終支出ベースにおける国と地方の比率（2：3）は逆転するのである。税源は国に多く配分されているが，国から地方公共団体に対する地方交付税や国庫支出金などの財源トランスファーを調整した最終支出ベースでは，地方財政は国家財政の1.5倍の規模になる。

警察，消防，教育，福祉，道路や河川などに関する公共サービスの大きな割合が都道府県と市町村をつうじて実施されている。そのため，地方財政の規模が大きくなるのである。このことは，地方公共団体に対する事務配分は極めて大きいが，それに対する税源配分は小さいことを意味しており，国と地方の財政的連携が密接である。このことが日本における財政システムの大きな特徴の

一つである。

　ちなみに，国の責任で実施すべき社会保障や義務教育などの公共サービスの供給を直接に国が実施すれば，それだけ地方財政の規模は小さくなり，地方歳入に占める地方税を中心とした自主財源の割合は高くなる。税収における国と地方の配分比率と純計歳出額の比率との乖離をかなり回避することが可能となり，地方分権にも資すると思われる。

　公共サービスの供給に関して，分権的に実施するのが望ましいか，または集権的に行うのが望ましいかは，当該公共サービスの性格や供給費用を考慮して決定されるべきである。第10章で概観したように，分権的供給の機会費用は集権的供給のメリットであり，逆もそうである。経済学的には，公共サービスにおける分権的供給の社会的限界効用と集権的供給の社会的限界効用が一致するところが国と地方の財政規模の均衡点である。分権的供給が望ましいと一意的に決まるわけではない。

地方財政計画による地方財源の保障　地方交付税法第7条は，「内閣は，翌年度の地方団体の歳入歳出総額の見込額に関する書類を作成し，これを国会に提出するとともに，一般に公表しなければならない。」旨を規定している。この地方財政の見込み額についての書類が，通常，地方財政計画とよばれているものである。地方財政計画は，毎年度国の予算編成を受けて，財務省と総務省の折衝を経て閣議決定され，国会に提出される。

　地方財政計画は，国の地方公共団体総体に対する財源保障の役割を有しているが，その歳出・歳入は地方財政の実際の収支を推計するものではなく，標準的なあるべき収支を示している。地方財政計画は地方財政の収支の翌年度の見込み額であり，実際の地方財政決算額とは異なる。地方財政計画では，通常の妥当な水準における歳入・歳出のみが計上され，各地方公共団体の独自の事情に基づく収支は除外される。

　地方財政のマクロの収支見込みに過不足が生じた場合，その乖離を埋めるため地方財政対策が実施される。マクロの財源保障とは，地方財政計画の歳出と歳入が等しくなるように地方交付税によって調整することを意味する。マクロ

の地方財源の枠組が先に決定され，総額と整合性をもつようにミクロの基準財政需要額が算定される。

なお，地方財政計画は，国の経済見通しや予算編成などを受けており，地方財政と国家財政や国民経済との関わりが反映される。地方交付税や国庫支出金などの補填財源や地方債に関する国の翌年度の方針も明らかにされるため，地方公共団体の財政運営の指針となる。このように，地方財政計画は翌年度の国が地方に対する施策やそれに対応した地方行財政の運営についての目標を示しており，国の財政運営の方針を地方公共団体に伝達する大きな役割を担っている。

一方，地方公共団体から国に対する財源トランスファーとして，国直轄事業負担金がある。国が直接実施する道路や河川，港湾などの整備事業費や維持管理費の一定割合を地方公共団体が負担することを道路法や河川法などにより義務づけられている。地方公共団体は普通建設事業費の一部として計上しており，2016年度は7,821億円で地方公共団体の普通建設事業費の5.5%を占めている。

このように，国家財政と地方財政は密接な財政的連携の下，国民の享受する公共サービスを給付している。国から地方への財源トランスファーは，地方交付税と国庫支出金を中心に実施されているが，財政力の弱い地方公共団体ではこうした国による財源補填なしでは一定水準の行財政の実施が不可能な状況にある。したがって，国と地方の財政関係は国民福祉の維持向上の観点から再構築することが必要であり，経済社会情勢の変化を見据えつつ，持続可能性の視点からデザインすべきである。

2　地方歳入

地方公共団体の歳入は，地方税，地方譲与税，地方特例交付金，地方交付税，分担金・負担金，使用料・手数料，国庫支出金，交通安全対策特別交付金，財産収入，寄付金，繰入金，繰越金，諸収入，地方債などから構成され，多岐にわたっている。それに比べて，国家財政の場合，租税及び印紙収入と公債発行

表11-1　地方歳入純計額

(単位：億円，％)

	2000年度		2010年度		2016年度	
	金　額	構成比	金　額	構成比	金　額	構成比
地方税	355,464	35.4	343,163	35.2	393,924	38.8
地方交付税	217,764	21.7	171,936	17.6	172,390	17.0
国庫支出金	143,795	14.3	143,052	14.7	156,871	15.5
地方債	111,161	11.1	129,695	13.3	103,873	10.2
その他	174,567	17.4	187,269	19.2	187,540	18.5
合　計	1,002,751	100.0	975,115	100.0	1,014,598	100.0

(注1)　決算額。
(注2)　都道府県と市町村の重複を除いた純計。
(出所)　総務省編『地方財政白書』各年版。
　　　　地方財政調査研究会『地方財政統計年報』各年版，地方財務協会。

による収入が歳入総額のほとんどを占め，その他収入の比率は僅かである。これは国家財政と地方財政が，それぞれ，遂行している機能の差異等による。

　都道府県と市町村の重複を除いた地方歳入純計額を3年度に関して示したのが表11-1である。2016年度の歳入合計額101兆4,598億円の対2000年度増加額は1兆1,847億円であり，増加率は僅か1.2％となっている。1990年代の地方歳入は増加傾向で推移したが，1999年度の104兆65億円をピークに，その後減少し92兆円前後になった。2007年度は91兆1,814億円で底をうち，その後，概ね増加傾向に転じている。

　表11-1から，2016年度の対2000年度増加率は地方税10.8％，国庫支出金9.1％，及びその他の収入7.4％であり，逆に減少したのは地方交付税のマイナス20.8％，地方債のマイナス6.6％である。この16年度間における地方税収の増加率はわずか10％程度であり，国民経済がいかに低迷したかがわかる。なお，2009年度以降，各歳入科目の構成比に大きな変化はない。

　以下，こうした地方歳入を一般財源と特定財源，及び自主財源と依存財源に分類して，その実情を明らかにする。

一般財源と特定財源

　地方歳入を財源の使途面からみた場合，歳入科目は，一般財源と特定財源に

区分される。一般財源は，使途が特定されていない財源のことであり，地方税，地方交付税，地方譲与税，地方特例交付金から構成される。また，特定財源は，使途が特定の目的に限定されている財源のことであり，国庫支出金や地方債等がこれにあたる。一般財源が歳入に占める割合が高いほど，地方公共団体の財政運営の自主性は高くなるといえる。

2016年度における一般財源は59兆949億円であり，地方歳入に占める割合は58.2％である。これに，一般財源の不足を補うために特例として発行される臨時財政対策債3兆7,394億円を加えると，一般財源は地方歳入の61.9％にのぼる。臨時財政対策債は，必要に応じて地方公共団体が発行し，その元利償還金については後年度に全額基準財政需要額に算入されることから，普通交付税の代替措置とされている。

地方公共団体の歳入における一般財源の人口1人当たり金額は，財政力指数が低いほど，大きい傾向にある。人口1人当たり地方税額の小さい地方公共団体に対して，その代替財源ともいえる地方交付税は人口1人当たりで大きな金額が交付されている。財源調整と財源保障の役割を担っている地方交付税は，財政力の弱い地方公共団体により多く配分される仕組みになっている。

自主財源と依存財源

地方歳入を財源調達の側面からみた場合，歳入科目は，自主財源と依存財源に分類される。自主財源は，地方公共団体が自らの権能に基づいて独自に調達できる財源であり，地方税のほか，手数料，使用料，財産収入，寄付金などがこれにあたる。依存財源は，国から交付されたり，割り当てられたりする財源であり，これらを金額の大きい順に示すと，地方交付税，国庫支出金，地方債，地方譲与税，地方特例交付金，交通安全対策特別交付金がある。ちなみに，2016年度における自主財源と依存財源の歳入割合は，55対45，である。

自主財源　地方税体系を示したのが，図11-2である。地方税は多岐にわたっているが，所得，消費，資産を課税ベースとする様々な形の税目を

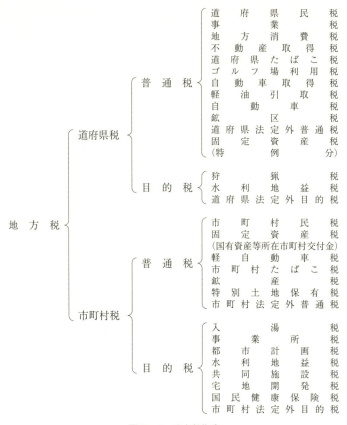

図11-2 地方税体系
(出所) 総務省ホームページ,2018年8月 (www.soumu.go.jp)。

組み合わせたタックスミックスの租税体系となっており,課税ベースが国税と重複する税目が多い。

　道府県税では,主要な税目は,道府県民税,事業税,地方消費税などであり,市町村税では市町村民税と固定資産税が税収の太宗を占めている。道府県民税と市町村民税は,住民税とよばれ,行政区域内に住所を有する個人及び事務所等を有する法人等に課される。事業税は事業を行う個人と法人に課される道府県税である。地方消費税は1997年4月から実施されたが,国税の消費税と同時

に徴収され，税収（清算後）の2分の1は市町村に交付される。固定資産税は固定資産（土地，家屋，償却資産）の所有者に課される税である。

　地方税は，収入の使途を特定せず，その収入が一般的経費に充当される普通税と，特定の費用に充てるために課される目的税に区分され，それぞれ，法定税と法定外税に分かれる。

　地方税収は，1990年代から増減を繰り返してきたが，2012年度以降，増加傾向で推移している。道府県税と市町村税の収入割合は概ね，1対1，である。2016年度における道府県税収は18兆1,140億円でその内訳をみると，道府県民税32.5%，事業税23.5%，地方消費税26.0%，自動車税8.5%などであり，これら4税目で道府県税収の9割超を占めている。市町村税収は21兆2,784億円で，市町村民税45.0%，固定資産税41.8%で税収の9割近くを占めている。

　なお，地方税収に占める目的税の割合は純計4.2%（2016年度）で，道府県税収の0.1%，市町村税収の7.8%である。市町村の都市計画事業又は土地区画整理事業に要する費用に充てるため課される都市計画税は，市町村税収の5.9%を占めている。

　地方公共団体が収納する地方税以外の自主財源は，負担金・分担金，使用料・手数料，財産収入，寄付金，繰入金，繰越金，諸収入などがある。2016年度は地方歳入純計の16.1%を占めている。

　負担金・分担金は，特定の事業でとくに利益を受ける者から徴収する収入であり，手数料と使用料は行政サービス提供への対価として徴収する収入で，いずれも受益者負担的収入である。財産収入は財産の貸付けや売却による収入で，寄付金は金銭の譲り受けによる収入である。繰入金は財政調整基金等の他会計からの繰入れによる収入であり，繰越金は前年度剰余金の受入れによる収入である。諸収入は，地方税の延滞金や預金利子，貸付金の元利償還金等様々な収入が含まれている。ちなみに，諸収入の地方歳入純計に占める割合は5.6%で，都道府県歳入の7.9%，市町村歳入の3.7%を占めており，かなり高い比率である。

依存財源　依存財源のうち，地方歳入に占める割合の高い財源は地方交付税，国庫支出金及び地方債である。この3つの手段を用いて，国は地方公共団体に対して財源補填するとともに，地方公共団体間の財政力格差を調整している。ここでは地方歳入におけるこの3財源を中心にその仕組みや実情を解説する。

　第1に，一般財源補填の地方交付税である。地方交付税は，「地方団体間の財政力格差を是正し，全国どの地方団体においても一定の公共サービスを提供できるよう財源を保障することにより，地方自治の本旨の実現に資するとともに，地方団体の独立性を強化することを目的とする。」旨を，地方交付税法第1条は規定している。地方交付税は，国が地方に代わって徴収する地方税（固有財源）という性格をもち，使途に条件のない一般財源補填である。

　地方交付税の総額は，地方財政計画における地方財政全体の標準的な歳入・歳出の見積りに基づきマクロベースで決定される。地方財政計画において，都道府県と市町村のすべての地方公共団体の歳出歳入を推計し，歳出歳入のギャップを見積り，財源が不足する場合，そのギャップを補填するため，法定率分に一般会計からの特例加算等により増額され，地方交付税の総額が決定される。地方交付税の法定率分は国税5税の当該年度における収入見込み額である。すなわち，所得税及び法人税のそれぞれ33.1％，酒税50.0％，消費税22.3％，地方法人税の全額である。

　地方交付税は普通交付税と特別交付税の2種類に分かれるが，前者が交付税総額の94％であり，後者が6％である。普通交付税は，財源不足団体に交付されるものであり，特別交付税は普通交付税に反映されなかった財政需要を考慮して交付される。特別交付税は，画一的に算定される普通交付税を補完する役割を持ち，普通交付税の不交付団体も交付対象となる。

　普通交付税は，毎年度，標準的な基準財政需要額が標準的な基準財政収入額を超える地方公共団体に対して交付される。基準財政需要額は，単位費用×測定単位の数値×補正係数，として算定された各行政項目ごとの値を合算した額である。基準財政収入額は，標準的な地方税収入×75/100＋地方譲与税等，と

して算出される。各地方公共団体の普通交付税額は財源不足額に相当し，地方税等の代替財源としての性格をもっている。基準財政収入額に算入されなかった地方税収入は留保財源とよばれ，地方公共団体の独自の財政需要に充てることができる財源である。なお，留保財源率は都道府県，市町村ともに税収見込額の25/100である。

さて，2016年度における地方交付税17兆2,390億円の歳入純計額に占める割合は17.0％であり，その内訳は都道府県8兆1,890億円，市町村9兆500億円であり，歳入に占める割合は，それぞれ，17.5％と14.0％である。地方交付税は地方税の代替財源の性格をもっているため，概ね，地方税収が減少傾向にあるときは増加し，逆に増加傾向で推移している場合には減少傾向で推移する。2012年度以降，地方税収が増加しているため，地方交付税は2012年度以降減少している。

ところで，2016年度における財政力指数1.0以上の団体，すなわち，不交付団体は都道府県では東京都のみで，市町村は73団体にすぎない。都道府県について，地方交付税を人口1人当たりでみると，47都道府県の平均は7万754円で，それを下回る地方公共団体は愛知県1万1,083円や神奈川県1万1,368円など14県にすぎず，逆に交付額の多い団体は島根県26万5,490円，鳥取県24万4,224円，高知県23万8,487円であり，県歳入に占める割合は，それぞれ，37.5％，40.5％，39.8％，である。市町村について，歳入構成比や人口1人当たり地方交付税をみると，格差はさらに大きくなる。このように，地方交付税の財源調整効果は極めて大きく，非常に有効に機能している。

第2に，特定財源補填の国庫支出金についてである。地方公共団体が行う事務に要する経費は，原則として当該地方公共団体が全額これを負担すべきものと，地方財政法第9条に規定されている。これに対する例外が国庫支出金である。国庫支出金は，国と地方公共団体の経費負担区分に基づき，国が地方公共団体に支出する財政資金であり，当初から国家的見地や国民経済的見地等に基づく国の政策意図が加わっているところに，その特徴がある。国庫支出金は特定の経費に充当することを条件に国から地方公共体に支出される特定補助金で

あり，地方公共団体の財政力に反比例して所要額が交付される一般補助金の地方交付税とは異なる。国庫支出金の主たる役割は，公共サービスの一定水準の確保，スピルオーバー効果を伴う公共サービスの最適水準の確保，及び地方公共団体の特定の事業の奨励などである。さらに，直接に意図したものではないが，国庫支出金の交付により，地方公共団体間の財政力格差，延いては地域間所得格差を是正する効果が認められる。

　地方財政法では，国庫支出金を国による関与の点から，国庫負担金，国庫委託金，及び特定の施策の奨励又は財政援助のための国庫補助金に分類されている。

　国庫負担金は，国と地方の両者に利害が関係する事務の経費の全部，又は一部を国が負担するものであり，一般行政費にかかる国庫負担金，建設事業にかかる国庫負担金，及び災害関係の事務的経費にかかる国庫負担金に分かれている。この地方財政法第10条～10条の3に規定されている経費のうち，地方公共団体が負担すべき部分は，一部を除き，地方交付税の算定に用いる財政需要額に算入する旨が地方財政法第11条の2に謳われている。

　国庫委託金は，国会議員選挙や国民投票，外国人登録など，本来国の事務であるが，事務能率の点から地方公共団体が行っている事務に要する国庫支出金である（地方財政法10条の4）。

　国庫補助金は，国庫負担金，国庫委託金のように法律に基づき負担するのではなく，国が地方に対して援助的に支出する補助金である。地方財政法第16条には，「国は，その施策を行うため特別の必要があると認めるとき又は地方公共団体の財政上特別の必要があると認めるときに限り，当該地方公共団体に対して，補助金を交付することができる。」旨規定されているが，前者を奨励的補助金，後者を財政援助的補助金とよんでいる。

　さて，国庫支出金は2000年度から減少傾向で推移し約10兆円程度まで低下したが，2011年度以降，概ね，15兆円台を確保している。2016年度は15兆6,291億円にのぼり，歳入純計額の14.9％を占めている。その内訳は，都道府県6兆4,526億円で歳入総額の12.5％であり，市町村9兆1,766億円で歳入総額の

15.7%である。

　都道府県歳入において国庫支出金は大きな割合を占めており，その内訳をみると，義務教育費負担金23.5%，普通建設事業費支出金15.9%，社会資本整備総合交付金14.4%である。市町村財政における国庫支出金の内訳は，生活保護費負担金29.1%，児童手当等交付金15.0%，障害者自立支援給付費等負担金12.2%，児童保護費等負担金8.4%，社会資本整備総合交付金8.1%である。

　なお，都道府県財政について，人口1人当たり国庫支出金を財政力指数によるグループ分類（東日本大震災被災県の福島県，岩手県，宮城県を除く）でみると，2016年度における財政力の最も弱いEグループ9万3,092円（単純平均），Dグループ8万3,578円，Cグループ5万3,722万円，B_2グループ4万288円，B_1グループ2万6,717円，Fの東京都2万5,800円となっている。国庫支出金は財政力格差の是正を狙いとして交付されるものではないが，結果的には財政力の弱い自治体に傾斜的に配分されている。

　ちなみに，東日本大震災の被災3県財政における人口1人当たり国庫支出金は，福島県34万9,509円，岩手県16万3,102円，宮城県13万6,798円である。自然災害等による復旧・復興事業には主として国庫支出金が用いられる。

　第3に，地方債は，地方公共団体が財政上必要とする資金を外部から調達することによって負担する債務で，その履行が一会計年度を超えて行われるものをいう。地方債の発行根拠は，地方自治法第230条第1項に「普通地方公共団体は，別に法律に定める場合において，予算の定めるところにより，地方債を起こすことができる。」と謳い，また地方財政法第5条第1項では「地方公共団体の歳出は，地方債以外の歳入をもって，その財源としなければならない。ただし，地方債をもってその財源とすることができる。」として，発行を認める適債事業を5つあげている。これには，交通，ガス，上下水道など地方公営企業に要する経費，出資金・貸付金の財源，地方債の借り換えのために要する経費，災害復旧の財源，公共施設の建設及び用地取得のための財源が該当する。

　2016年度における地方債の発行による収入は10兆3,873億円で，歳入構成比

は10.2％であり，金額と歳入構成比は，それぞれ，都道府県5兆5,261億円と10.7％，市町村4兆8,892億円と10.2％である。発行目的でみると，都道府県は公共事業債21.0％，一般単独事業債20.0％，臨時財政対策債39.3％などであり，市町村は，それぞれ，7.2％，28.6％，36.0％などとなっている。借入先別にみると，都道府県は財政融資資金10.4％，地方公共団体金融機構資金7.2％，市中銀行33.9％，市場公募債36.9％などである。一方，市町村は，それぞれ，34.3％，13.9％，24.3％，12.1％などである。地方債の発行による収入は1990年代以降，増減を繰り返していたが，2010年度から，概ね，減少傾向で推移している。

　最後に，その他の依存財源についてである。国から地方公共団体への財源補填として，地方譲与税，地方特例交付金，交通安全対策特別交付金がある。地方譲与税は，課税の便宜上等の事由により国税として徴収され，都道府県と市町村の両者又はいずれかに一定の配分基準に基づいて譲与される。地方譲与税には，地方揮発油譲与税，石油ガス譲与税，特別とん譲与税，自動車重量譲与税，航空機燃料譲与税，地方法人特別譲与税がある。2016年度の地方譲与税は2兆3,402億円で，歳入純計額の2.3％を占めている。

　地方特例交付金は，住宅借入金等特別税額控除により個人住民税の収入が減少することに伴う地方公共団体の減収を補填するために交付される。2016年度の交付額は1,233億円である。

　交通安全対策特別交付金は，交通事故の発生を防止することを目的として交付されるが，交通反則通告制度に基づき納付される反則金収入を原資として，地方公共団体が単独で行う道路交通安全施設整備の経費に充てるための財源として国から交付される。2016年度の交付額は580億円である。

3　地方歳出

　2016年度における都道府県と市町村の地方純計歳出額は98兆1,415億円であり，2000年度の97兆6,164億円に比べて僅か0.5％の増加にすぎない。歳出純計

第11章 地方財政の実情

表11-2 目的別歳出純計額
(単位:億円, %)

	2000年度		2010年度		2016年度	
	金額	構成比	金額	構成比	金額	構成比
議会費	5,760	0.6	4,019	0.4	4,254	0.4
総務費	91,565	9.4	99,998	10.6	89,016	9.1
民生費	133,920	13.7	213,163	22.5	263,408	26.8
衛生費	65,197	6.7	58,124	6.1	62,584	6.4
労働費	4,758	0.5	8,082	0.9	2,963	0.3
農林水産業費	58,700	6.0	32,458	3.4	31,712	3.2
商工費	54,277	5.6	63,984	6.8	51,951	5.3
土木費	195,603	20.0	119,592	12.6	120,182	12.2
消防費	18,758	1.9	17,792	1.9	19,855	2.0
警察費	34,288	3.5	32,164	3.4	32,608	3.3
教育費	180,787	18.5	164,467	17.4	167,458	17.1
公債費	123,786	12.7	129,791	13.7	125,719	12.8
その他	8,765	0.9	4,117	0.3	9,703	1.0
合計	976,164	100.0	947,750	100.0	981,415	100.0

(注・出所) 表11-1に同じ。

額の動向をみると, 1990年代以降, 減少傾向で推移し2007年度の89兆1,476億円を底に, その後, 概ね, 増加傾向にある。

地方歳出を考察する際に, 種々分類することができるが, 通常, 歳出を行政目的別に分類した目的別分類, 及び経費を経済的性質に着目して分類した性質別分類が用いられている。以下, 目的別歳出と性質別歳出について解説する。

目的別歳出

目的別歳出は, 都道府県や市町村の施策の内容を知る上で有用である。表11-2から, 2016年度の対2000年度増加率をみると, 金額が増加した歳出科目は民生費や消防費, 公債費などであり, その中でも民生費は約2倍に増加している。これら以外は, ほとんどの歳出科目で減少しているが, 特に, 農林水産業費と土木費の減少が著しい。以下, 主として歳出構成比の高い民生費, 教育費, 土木費, 及び総務費について概観する。公債費については, 次項の性質別歳出で述べる。

民生費は，住民の一定水準の生活を確保し，安定した文化的な社会生活を保障するための経費である。民生費は，2000年度の13.7％から2016年度には26.8％に構成比を高め，地方歳出純計額の4分の1を占めている。2016年度における民生費26兆3,408億円の内訳をみると，社会福祉費27.2％，老人福祉費23.6％，児童福祉費31.0％，生活保護費15.1％，災害救助費3.1％である。人口の急速な少子高齢化の進展に伴い，毎年度ほぼ1兆円の勢いで増加している。
　教育費は，地方公共団体が行う学校教育や社会教育，保健体育などに関する経費である。2016年度における教育費は16兆7,458億円であり，その内訳は，学校教育費66.1％，教育総務費17.7％，社会教育費7.4％，保健体育費8.8％である。このように学校教育費が教育費総額の7割に近いが，その中でも小・中学校費が5割近くを占めている。教育費総額は少子化傾向に伴い漸減傾向にあり，それに目的別歳出に占める割合も低下傾向にある。
　土木費は，地方公共団体が土木関係法令等に基づいて支出する経費であり，道路や河川，住宅，公園等の公共施設の建設及びこれら施設の維持管理等に要する経費である。2016年度における土木費は12兆182億円であり，都市計画費35.2％，道路橋りょう費34.9％，河川海岸費10.9％，住宅費10.4％などから構成されている。道路橋りょう費と河川海岸費は主として都道府県の占める割合が高く，都市計画費は市町村が高い割合を占めている。土木費は1990年代の20兆円から急激に減少し，近年，12兆円前後で推移している。
　総務費は，人事や財政，文書，企画，徴税，選挙，統計などに要する一般管理的な事務に要する経費である。2016年度における総務費は8兆9,016億円であり，歳出合計額に占める割合は9.1％である。総務費は，1990年代以降，金額は9兆円前後，歳出合計額に占める割合は9％前後とほとんど変化がない。
　以下，構成比の低い歳出科目について簡単に説明する。
　議会費は議会の運営，活動等に要する経費であり，議員に対する報酬，議会事務局職員の給与，議会関係の事務費などである。
　労働費は，就業者の福祉向上を図るため，職業能力の開発，金融対策，失業対策等の施策等の諸施策に要する経費である。

農林水産業費は，生産基盤の整備，構造改善，消費流通対策，農林水産業に係る技術の開発・普及等の施策に要する経費である。

商工費は，商工業の振興と経営の近代化等を図るため，中小企業の指導育成，企業誘致，消費流通対策等の施策に要する経費である。

衛生費は，住民の健康を保持増進し，生活環境の改善を図るため，医療，公衆衛生，精神衛生等に係る施策の推進，及び一般廃棄物の収集・処理等の諸施策に要する経費である。

都道府県は犯罪の防止，交通安全，その他地域社会の安全と秩序を維持し，住民の生命，財産を守る警察行政を実施しているが，これに要する経費が警察費である。

地方公共団体は，火災や風水害，地震等の災害から人々の生命，財産を守り，これらの災害を防除し，被害を軽減するため，消防行政を行っているが，これらの諸施策に要する経費が消防費である。

「その他」は，災害によって被害を受けた公共土木施設や農林水産施設の復旧に要する災害復旧費，及び予算に計上したもの以外に予算の執行過程で不測の事態が生じた場合に備える予備費等である。

性質別歳出

性質別歳出は，地方公共団体の財政運営の健全性や財政構造の弾力性をみるのに有用であり，義務的経費，投資的経費，及びその他の経費に大別することができる。表11-3は，性質別歳出について，都道府県と市町村の純計額を示したものである。2016年度における歳出構成比をみると，義務的経費50.0％，投資的経費15.4％，その他の経費34.6％であり，2000年度に比べて義務的経費3.6ポイント増，投資的経費9.6ポイント減，その他の経費6.0ポイント増となっている。2010年代に入り，義務的経費は金額及び構成比とも概ね変化がないが，投資的経費は増大傾向で推移している。その他の経費は，物件費，維持補修費，補助費等，物件費，貸付金，積立金，投資及び出資金，貸付金，繰出金などである。

表11‐3　性質別歳出純計額

(単位：億円，%)

	2000年度		2010年度		2016年度	
	金額	構成比	金額	構成比	金額	構成比
義務的経費	453,200	46.4	477,233	50.4	490,239	50.0
人件費	268,775	27.5	235,362	24.8	224,686	22.9
扶助費	60,964	6.2	112,373	11.9	140,098	14.3
公債費	123,461	12.6	129,498	13.7	125,455	12.8
投資的経費	244,335	25.0	134,961	14.2	151,252	15.4
普通建設事業費	239,017	24.5	133,334	14.1	143,069	14.6
災害復旧事業費	5,035	0.5	1,599	0.2	8,183	0.8
失業対策事業費	282	0.0	28	0.0	1	0.0
その他の経費	278,629	28.6	335,556	35.4	339,924	34.6
合計	976,164	100.0	947,750	100.0	981,415	100.0

(注・出所)　表11‐1に同じ。

義務的経費　総務省は，任意に削減できない極めて硬直性の高い経費である人件費，扶助費，及び公債費の3経費を義務的経費としている。義務的経費は，近年，増加傾向で推移しているが，その主な要因は人口の高齢化等に伴う扶助費の急増である。他方，人件費と公債費は，近年，金額及び歳出構成比とも漸減から横ばい傾向で推移している。2016年度における義務的経費は49兆239億円で，その内訳は人件費22.9%，扶助費14.3%，公債費12.8%である。

人件費は，職員給与や地方公務員共済組合等負担金，退職金などから構成される。2016年度における人件費は22兆4,686億円で，その内訳は職員給70.7%，地方公務員共済組合等負担金14.6%，退職金8.9%，等々であり，この3経費で人件費の9割以上を占めている。職員給は，1999年度以降，減少傾向で推移してきたが，2014年度から増加傾向にある。2016年度における職員給の構成をみると，教育関係46.1%，警察関係12.9%，議会・総務関係11.7%などとなっている。都道府県では，教育関係が最も大きな割合を占め，市町村では，議会・総務関係が大きな割合を占めている。

扶助費は，生活困窮者，児童，高齢者，障害者等を援助するための福祉支出である。2016年度における扶助費は14兆98億円で，2001年度以降，継続して増

加している。扶助費の内訳をみると，児童福祉費41.2%，生活保護費26.5%，社会福祉費25.5%となっているが，児童福祉費と社会福祉費が継続して構成比を高めてきている。

公債費は，地方債の元利償還と一時借入金利子の支払いに要する経費である。2016年度における公債費は12兆5,455億円で，地方歳入純計額に占める比率は12.8%となっている。公債費の内訳をみると，地方債の元金償還金87.7%，地方債利子12.3%などとなっている。なお，公債費充当の財源は一般財源等が95.5%を占め，使用料，手数料等が5.5%である。借金返済の経費である公債費は，義務的経費の中でも特に弾力性に乏しい経費であるため，財政構造の弾力性の確保の観点から常に注意する必要がある。

投資的経費 投資的経費は，普通建設事業費，災害復旧事業費及び失業対策事業費から構成されるが，ほとんどが普通建設事業費である。災害復旧事業費は自然災害の多寡により増減を繰り返してきている。失業対策事業費は1990年代から2010年度まで百億円単位で推移していたが，2011年度から減少し2016年度には0.6億円にまで減少した。失業率の大幅な低下が要因である。

普通建設事業費は，道路の新設・改良や河川の改修，学校校舎，庁舎，公営住宅の新改築，用地の取得に要する経費である。公共事業の抑制もあり，普通建設事業費は2000年度の23兆9,017億円から，2016年度には14兆3,069億円に減少した。歳出純計額に占める割合も2016年度は2000年度に比べて約10ポイント低下し14.6%となった。

なお，普通建設事業費は，補助事業費，単独事業費及び国直轄事業負担金からなるが，2016年度における構成比は，それぞれ，49.8%，44.7%，5.5%である。普通建設事業費の充当財源の内訳を2016年度についてみると，地方債39.3%，一般財源等23.7%，国庫支出金22.3%，その他14.7%となっている。都道府県は補助事業費が大きな割合を占め，市町村は単独事業費の方が補助事業費を上回っている。

その他の経費 「その他の経費」は33兆9,924億円で，歳出純計額の34.6%を占めている。その内訳は，物件費9.7%，維持補修費1.2%，補助

費等10.0％，積立金3.4％，投資及び出資金0.3％，貸付金4.5％，繰出金5.6％などであり，物件費と補助費等が大きな割合を占めている。

　物件費は，賃金や旅費，役務費，委託料等の経費である。その内訳を2016年度について示すと，委託料58.8％，取得等に要する需用費17.1％で，この両者で物件費総額の75.9％を占めている。物件費は，近年，増加傾向で推移している。

　維持補修費は，地方公共団体が管理する公共施設等を保全するための経費である。維持補修費は2010年代に入り増加傾向で推移している。

　補助費等は，地方公営企業会計に対する負担金，市町村の地方公営事業会計に対する都道府県の負担金，さまざまな団体等への補助金，報償費，寄附金等である。補助費等は2009年度から9兆円台で推移している。

　積立金は，計画的な財政運営のために，財政に余裕のある場合に特定の支出に備えて積立てる資金のことであり，財政調整基金，減債基金などがある。積立金は2012年度から減少傾向にある。

　投資及び出資金は，基金による国債や地方債の取得，地方公営企業への投資・出資，財団法人への出捐金などである。投資および出資金は2012年度から減少傾向にある。

　貸付金は，行政施策上の目的に沿って住民や企業などに対して行う貸付けであり，2011年度以降，減少傾向にある。

　繰出金は，普通会計から他会計や基金に支出する経費であるが，繰出先は後期高齢者医療事業会計，介護保険事業会計，国民健康保険事業会計，地方公営企業会計などである。

参考文献

池宮城秀正編著『国と沖縄県の財政関係』清文社，2016年。
池宮城秀正編著『地域の発展と財政』八千代出版，2000年。
石原信雄『新地方財政調整制度論』(改訂版) ぎょうせい，2016年。
神野直彦・池上岳彦編『地方交付税何が問題か』東洋経済新報社，2003年。
神野直彦・小西砂千夫『日本の地方財政』学陽書房，2014年。

総務省編『地方財政白書』各年版。
中井英雄・齋藤愼・堀場勇夫・戸谷裕之『新しい地方財政論』有斐閣，2010年。
日本地方自治研究学会編『地方自治の最前線』清文社，2009年。
持田信樹『地方財政論』東京大学出版会，2013年。

練習問題

問題1
自主財源と依存財源について説明し，地方歳入の実情について述べなさい。

問題2
2000年度と2016年度の目的別歳出を比較しなさい。

問題3
義務的経費と投資的経費の違いを説明し，性質別歳出の動向について述べなさい。

(李　熙錫)

索　引
(＊は人名)

あ 行

IS-LM 分析　185
赤字国債　65
足による投票　199
安定性の原則　203
遺産課税方式　134
遺産取得課税方式　135
依存財源　221, 224
一般会計予算　41
一般財源　220
　——補填　224
一般歳出　55, 61
一般消費税　122
一般政府　9
一般補助金　206, 209, 211
医療給付費　55
医療保険制度　169
印紙税　137
インピュテーション方式　108
インフレ・ギャップ　179
インボイス　127, 129
益金の算定　109
N 分 N 乗法　96
エリザベス救貧法　158
応益性の原則　203
＊オーツ，ウォレス　201

か 行

会計年度　39, 46
外形標準課税　117
介護保険制度　170, 171
概算要求　44
外部経済　4, 27
外部性　4, 26
外部不経済　4, 27
開放経済　8, 193
価格の自動調整機能　16

課税最低限　102
課税単位　96
課税の中立性　83
課税標準　126, 138
価値財　59
貨幣需要の利子弾力性　189
＊カルドア，ニコラス　102, 122
為替相場　194
為替レート　192
簡易課税制度　128
官業収入　66
環境税　74
間接消費税　122
間接税　86
完全競争市場　15, 82
完全雇用　178
　——国民所得　179
簡素性　76
企業会計方式　50
基準財政需要額　224
犠牲説　79
基礎控除　100, 135
基礎的消費　177
基礎年金　165
揮発油税　131
義務的経費　55, 232
逆進税　88
逆選択　32
キャピタル・ゲイン　95
給付付き税額控除　130
給与所得控除　100
教育費　230
狭義の市場の失敗　3
供給独占　3, 24
均衡国民所得　178
均衡予算定理　182
均等限界犠牲　80
均等絶対犠牲　79

237

均等比例犠牲　79
金融市場　187
国直轄事業負担金　11, 219
国と地方の財政関係　213
国と地方の税源配分　203, 216
クラウディングアウト　56, 150
　　──効果　188
繰越明許費　40
クロス・ボーダーショッピング　205
軽減税率　129
経済安定化機能　6, 74
経済安定化政策　183, 202
経済問題　17
軽自動車税　140
継続費　40
＊ケインズ, ジョン・メイナード　175
欠損法人　112
限界消費性向　177
限界代替率　19
限界貯蓄性向　180
限界変形率　19
限界輸入性向　192
減価償却　110
健康保険法　159
建設国債　65, 144
源泉税　92
源泉徴収制度　96
後期高齢者医療制度　169
広義の市場の失敗　1
公共財　4, 32
　　──の最適供給　33
公共事業関係費　58
公共支出政策　7
公共部門　1, 9
合計特殊出生率　160
公債依存度　65
公債管理政策　155
公債金　62
　　──収入　65
公債費　233
公債累増の要因　148
公衆衛生　158
厚生年金基金　167

構造的要因　148
交通安全対策特別交付金　228
公的年金制度　165, 166
公的扶助　157
公的部門　9
公的欲求　4
公平の原則　75, 76
小売売上税　123
高齢化率　161
国債　143
　　──残高　150
　　──整理基金特別会計　56, 146
　　──費　43, 56
国税　87
国民経済　8
国民健康保険　169
国民所得　186
国民年金基金　167
国民負担率　68, 163
個人所得税　91
国境税調整　124
国庫委託金　226
国庫債務負担行為　41
国庫支出金　11, 225
国庫負担金　226
国庫補助金　226
固定資産税　138, 202, 223
固定相場制　193
固定費用　26
個別消費税　82, 84, 122, 130
混合経済　2

　　　　　さ　行

歳入歳出予算　40
再分配政策　5, 8
財源配分　10
財市場　176, 185
財政　1
　　──健全化　149
　　──錯覚　149
　　──的連携　217
　　──投融資計画　48
　　──の硬直化　148

——法第 4 条　144
　　——法第 5 条　145
　　——民主主義　39
　　——力格差　214
　　——力指数　215, 225
債務償還費　67
財務情報　51
裁量的な財政政策　7
財投機関　47
財投債　47
産業政策　111
サンセット方式　50
三大都市圏　215
暫定予算　42
仕入税控除法　125
死荷重　3, 25
事業者免税点制度　127
事業税　223
資源配分上の市場の失敗　23
資源配分機能　2, 3, 74, 202
資産　214
　　——移転課税　133
　　——保有課税　133
　　——課税　6, 133
自主財源　221
支出税　102, 122
市場均衡　28
市場メカニズム　2
事前議決の原則　39
市町村税　222
市町村民税　222, 223
実効税率　112
実質経済成長率　64
私的限界費用　30
自動車取得税　139
自動車税　140
資本収益率　111
資本蓄積　150
事務配分　11, 217
シャウプ勧告　93, 116, 124
社会支出　164
社会的限界費用　30
社会的余剰　3, 25

社会福祉　158
社会保険　157
　　——方式　167
社会保障　56, 157
　　——関係費　43, 55
　　——基金　9
　　——給付費　162, 163
　　——負担率　69
借換債　146
シャンツ＝ヘイグ＝サイモンズ概念　93
従価税　87
従量税　87
受益者負担　223
酒税　130
恤救規則　159
主要経費別分類　53
循環的な要因　148
純計歳出額　216
準公共財　4, 33
純資産増加説　92
純粋公共財　4, 32, 59
乗数効果　178, 180
消費　214
　　——課税　121
　　——型付加価値税　124
　　——契約曲線　21
　　——者余剰　16, 207
　　——税　64
　　——の効率性　19
情報の非対称性　31
情報の不完全性　31
所得　214
　　——課税　6
　　——効果　85
　　——控除　99
　　——再分配機能　2, 5, 74, 97, 202
　　——税　63
　　——税改革　102
　　——創出効果　182
　　——の分類　94
資力調査（ミーンズテスト）　172
人件・糧食費　60
人件費　232

申告納税制度　96
人的控除　100
　――以外の控除　100
垂直的公平　78
水平的公平　78
スピルオーバー効果　11, 207
＊スミス，アダム　75, 153
税外収入　66
税額控除　101
生活保護制度　172
請求書等保存方式　127
税源配分　10, 202, 216, 217
政策的経費　61
生産可能性曲線　18
生産者余剰　16
生産の効率性　17
性質別歳出　231
政府関係機関予算　42
政府予算案　44
世代間の公平性　65, 149
世代間の所得再分配　168
ゼロ税率　128
ゼロベース予算（ZBB）　50
潜在的国民負担率　70, 164
総合消費税　122
総合所得税　92
総需要管理政策　179
相続時精算課税制度　137
相続税　74, 134
増分主義　50
総務費　230
贈与税　136
測定単位　224
租税及び印紙収入　62
租税競争　205
租税原則　75
租税政策　7
租税特別措置　114
租税の機能　73
租税の転嫁　80
租税負担率　70
租税輸出　205
損金の算定　110

た　行

第1号被保険者　166
第1次石油危機　125, 160
第2号被保険者　166
第3号被保険者　166
対策の限界費用　30
代替効果　85
多国籍企業　117
多段階消費税　123
タックス・ヘイブン　115
タックス・ミックス　77
たばこ税　131
単一国家　1
単位費用　224
単純累進　97
単段階消費税　123
単独事業　233
地域間格差　8, 214
地域経済　8
地域性の原則　204
地方圏　215
地方公共財　9
地方公共団体　10, 213, 219, 230
地方交付税　11, 57, 224
　――交付金　57
地方債　11, 143
地方財政計画　218
地方財政の機能　8
地方財政法第5条　227
地方歳入純計額　220
地方消費税　129, 223
地方税　87, 219, 221
　――原則　203
　――の外部効果　204
地方特例交付金　228
地方分権　198
地方法人二税　112
地方譲与税　228
中央集権　198
中立性　76, 130
超過供給　186, 187
超過需要　186, 187

索　引

超過負担　83
超過累進税率　135
直接消費税　122
直接税　86
積立方式　168
定額税　83
＊ティブー，チャールズ　199
定率補助金　206
適債事業　227
デフレ・ギャップ　178
投資的経費　233
投資の利子弾力性　190
当初予算　42
道府県税　222
道府県民税　223
＊ドーマー，エブセイ　150
登録免許税　137
独占　3, 23
　　──禁止法　25
特定財源　220
　　──補填　225
特定補助金　206, 209, 211
特別会計予算　41
特別交付税　224
特例公債　65, 145
都市計画税　138
土木費　230
取引高税　123

な　行

ナショナル・ミニマム　57
二元的所得税　104
二重課税　106, 108
日米安全保障条約　60
日本国憲法第25条　159
年金給付費　55
能力原則　101
能力説　78
ノン・アフェクタシオンの原則　38, 87

は　行

＊ハーバーガー，アーノルド　104, 115
配偶者控除　100

配当税額控除方式　108
発生主義　51
バブル経済　63, 147
パレート最適　21
被害の限界減少額　30
非課税措置　128
非競合性　5, 32
＊ピグー，アーサー　30
ピグー的課税　4, 30
人税　87
非排除性　4, 32
費用逓減　3, 26
ビルトイン・スタビライザー　7, 183
比例税　88, 111
フィスカルポリシー　75, 176
付加価値税　124
賦課方式　168
福祉元年　160
複式簿記　51
扶助費　232
負担調整措置　139
負担分任原則　203
普通建設事業費　219, 233
普通交付税　224
普通税　87
物件費　60
不動産取得税　139
負の所得税　104
部分均衡分析　82
普遍性の原則　204
扶養控除　100
プライマリー・バランス　67, 147, 151
＊フリードマン，ミルトン　104, 182
ブループリント　103
文教及び科学振興費　59
分権化定理　200
平均費用　26
閉鎖経済　193
ベバリッジ報告　158
防衛関係費　59
法人擬制説　107
法人事業税　113
法人実効税率　113, 114

241

法人実在説　106
法人住民税　113
法人所得税　104
法人税　64, 105
法人成り　118
保険市場　31
保険料水準固定方式　165
補助金　3, 29
補助事業費　233
補正係数　224
補正予算　42

ま 行

マーリーズ・レビュー　78, 130
マクロ経済スライド制　165
＊マスグレイブ，リチャード　59, 76, 97
マンデル＝フレミング・モデル　192
ミード報告　103
民生費　229, 230
無差別曲線　20
名目経済長率　64
目的税　87
目的別歳出　229
物税　87
モラル・ハザード　31

や 行

有効需要の理論　176

予算過程　44
予算原則　37
予算審議　45
予算総則　40
予算の機能　37
予算の執行　45
予算の純計　43
予算編成　44
　——方法　49

ら・わ行

リーマン・ショック　63
利益説　77
リカードの中立命題　154
利子率　186
流動性選好　185
流動性のわな　189
利用時払いの原則　145
臨時財政対策債　221, 228
累積課税の問題　123
累進所得税制　74
累進税　88
連邦制国家　1
労働所得税　85
ローリング方式　50
ロディン報告　103
＊ワグナー，アドルフ　76

《執筆者紹介》

池宮城秀正（いけみやぎ・ひでまさ）　編著者・はしがき・序章・第10章
　　編著者紹介欄参照。

比嘉正茂（ひが・まさしげ）　第1章
　　1975年　生まれ。
　　2005年　明治大学大学院政治経済学研究科博士後期課程修了，博士（経済学）。
　　現　在　沖縄国際大学経済学部准教授。
　　主　著　『国と沖縄県の財政関係』（共著）清文社，2016年。
　　　　　　「沖縄振興予算の時系列的考察――国庫支出金の類似県比較を中心に」日本地方自治研究学会『地方自治研究』Vol. 31, No. 2, 2016年。
　　　　　　「沖縄振興予算に関わる国直轄事業の時系列的考察」日本地方自治研究学会『地方自治研究』Vol. 33, No. 2, 2018年。

稲田圭祐（いなだ・けいすけ）　第2章
　　1975年　生まれ。
　　2009年　明治大学大学院政治経済学研究科博士後期課程修了，博士（経済学）。
　　現　在　和光大学経済経営学部准教授。
　　主　著　『公会計講義』（共著）税務経理協会，2010年。
　　　　　　『財政学（第四版）』（共著）創成社，2015年。
　　　　　　「市川市における政策評価」『国府台経済研究』第27巻第1号，2017年。

仲地　健（なかち・けん）　第3章
　　1970年　生まれ。
　　2003年　明治大学大学院政治経済学研究科博士後期課程修了，博士（経済学）。
　　現　在　沖縄国際大学産業情報学部教授。
　　主　著　「基地関係収入と市町村財政」沖縄国際大学産業総合研究所編『産業総合研究』第22号，2014年。
　　　　　　沖縄国際大学産業総合研究所編『沖縄の観光・環境・情報産業の新展開』泉文堂，2015年。
　　　　　　「産業情報学への招待」『沖縄国際大学公開講座25』編集工房東洋企画，2016年。

前村昌健（まえむら・しょうけん）第4章・第7章

- 1961年　生まれ。
- 1992年　明治大学大学院政治経済学研究科博士後期課程単位取得退学。
- 現　在　沖縄国際大学産業情報学部教授。
- 主　著　「低成長下における低所得県の財政」『沖縄国際大学商経論集』第24巻第1号，1996年。
「沖縄県財政における地方債の一考察」『沖縄国際大学大学院地域産業論集』第12集，2014年。
『国と沖縄県の財政関係』（共著）清文社，2016年。

関口　浩（せきぐち・ひろし）第5章

- 1964年　生まれ。
- 1995年　早稲田大学大学院商学研究科財政学専修博士後期課程単位取得退学。
- 現　在　法政大学大学院公共政策研究科教授。
- 主　著　『財政学入門（改訂版）』（佐藤進と共著）同文舘出版，1998年。
財務省財政史室編『昭和財政史　昭和49〜63年度　2　予算』東洋経済新報社，2004年。
『ハーバーガー費用便益分析入門——ハーバーガー経済学・財政学の神髄』（アーノルド・C. ハーバーガー著，訳著）法政大学出版局，2018年。

高　哲央（こう・あきひろ）第6章・第9章

- 1981年　生まれ。
- 2011年　明治大学大学院政治経済学研究科博士前期課程修了。
- 現　在　明治大学大学院政治経済学研究科博士後期課程在学。
- 主　著　「固定資産税の帰着に関する研究」明治大学大学院『経済学研究論集』第42号，2014年。
「固定資産税と地方税原則に関する一考察」日本地方自治研究学会『地方自治研究』Vol. 31, No. 1, 2015年。
「固定資産税の課税標準に関する一考察」明治大学大学院『経済学研究論集』第46号，2016年。

江波戸順史（えばと・じゅんじ）第8章

- 1972年　生まれ。
- 2012年　千葉商科大学大学院政策研究科博士後期課程修了，博士（政策研究）。
- 現　在　千葉商科大学商経学部准教授。
- 主　著　『アメリカ合衆国の移転価格税制』五絃舎，2008年。
『独立企業原則の限界と移転価格税制の改革』五絃舎，2012年。
『財政学』（共著）創成社，2015年。

李　熙錫（イー・ヒーソク）　**第11章**

　1969年　生まれ。
　2004年　明治大学大学院政治経済学研究科博士後期課程修了，博士（経済学）。
　現　在　城西大学経済学部教授。
　主　著　「韓国全羅南道の地方財政改革試案」『城西国際大学紀要』第20巻第1号，2012年。
　　　　　「韓国における国と地方の財政関係」『城西国際大学紀要』第24巻第1号，2016年。
　　　　　「韓国における地方歳入の研究」『城西国際大学紀要』第25巻第1号，2017年。

《編著者紹介》

池宮城秀正（いけみやぎ・ひでまさ）

1948年　生まれ。
1980年　明治大学大学院政治経済学研究科博士後期課程単位取得退学。
2007年　経済学博士（明治大学）。
現　在　明治大学政治経済学部教授。
主　著　『琉球列島における公共部門の経済活動』同文舘出版，2009年。
　　　　『地方自治の最前線』（共著）清文社，2009年。
　　　　『地方分権の10年と沖縄，震災復興（日本地方財政学会研究叢書第19号）』（共著）勁草書房，2012年。
　　　　『協働社会における財政（財政研究第11巻）』（共著）有斐閣，2015年。
　　　　『国と沖縄県の財政関係』（編著）清文社，2016年。

	MINERVA スタートアップ経済学⑥
	財政学

2019年3月30日　初版第1刷発行　　　　　〈検印省略〉

定価はカバーに表示しています

編著者	池 宮 城　秀　正
発行者	杉　田　啓　三
印刷者	江　戸　孝　典

発行所　株式会社　ミネルヴァ書房

607-8494 京都市山科区日ノ岡堤谷町1
電話代表　075-581-5191
振替口座　01020-0-8076

Ⓒ池宮城秀正ほか，2019　　共同印刷工業・清水製本

ISBN978-4-623-08514-9
Printed in Japan

MINERVA スタートアップ経済学
体裁　Ａ５判・美装カバー

① 社会科学入門　　奥　和義・高瀬武典・松元雅和編著
② 経済学入門　　　中村　保・大内田康徳編著
③ 経済学史　　　　小峯　敦著
④ 一般経済史　　　河﨑信樹・奥　和義編著
⑤ 日本経済史　　　石井里枝・橋口勝利編著
⑥ 財政学　　　　　池宮城秀正編著
⑦ 金融論　　　　　兵藤　隆編著
⑧ 国際経済論　　　奥　和義編著
⑨ 社会保障論　　　石田成則・山本克也編著
⑩ 農業経済論　　　千葉　典編著
⑪ 統計学　　　　　谷﨑久志・溝渕健一著

――――――――― ミネルヴァ書房 ―――――――――
http://www.minervashobo.co.jp/